प्रतिध्वनि (कहानी संग्रह)
और
कामायनी

प्रतिध्वनि (कहानी संग्रह)
और
कामायनी

जयशंकर प्रसाद

ISBN: 978-93-90112-77-7

Published: -

LECTOR HOUSE LLP
E-MAIL: lectorpublishing@gmail.com

प्रतिध्वनि (कहानी संग्रह)
और
कामायनी

जयशंकर प्रसाद

अनुक्रम

प्रतिध्वनि
(कहानी संग्रह)

प्रसाद

मधुप अभी किसलय-शय्या पर, मकरन्द-मदिरा पान किये सो रहे थे। सुन्दरी के मुख-मण्डल पर प्रस्वेद बिन्द के समान फूलों के ओस अभी सूखने न पाये थे। अरुण की स्वर्ण-किरणों ने उन्हें गरमी न पहुँचायी थी। फूल कुछ खिल चुके थे! परन्तु थे अर्ध-विकसित। ऐसे सौरभपूर्ण सुमन सवेरे ही जाकर उपवन से चुन लिये थे। पर्ण-पुट का उन्हें पवित्र वेष्टन देकर अञ्चल में छिपाये हुए सरला देव-मन्दिर में पहुँची। घण्टा अपने दम्भ का घोर नाद कर रहा था। चन्दन और केसर की चहल-पहल हो रही थी। अगुरु-धूप-गन्ध से तोरण और प्राचीर परिपूर्ण था। स्थान-स्थान पर स्वर्ण-शृंगार और रजत के नैवेद्य-पात्र, बड़ी-बड़ी आरतियाँ, फूल-चंगेर सजाये हुए धरे थे। देव-प्रतिमा रत्न-आभूषणों से लदी हुई थी।

सरला ने भीड़ में घुस कर उसका दर्शन किया और देखा कि वहाँ मल्लिका की माला, पारिजात के हार, मालती की मालिका, और भी अनेक प्रकार के सौरभित सुमन देव-प्रतिमा के पदतल में विकीर्ण हैं। शतदल लोट रहे हैं और कला की अभिव्यक्तिपूर्ण देव-प्रतिमा के ओष्ठाधार में रत्न की ज्योति के साथ बिजली-सी मुसक्यान-रेखा खेल रही थी, जैसे उन फूलों का उपहास कर रही हो। सरला को यही विदित हुआ कि फूलों की यहाँ गिनती नहीं, पूछ नहीं। सरला अपने पाणि-पल्लव में पर्णपुट लिये कोने में खड़ी हो गयी।

भक्तवृन्द अपने नैवेद्य, उपहार देवता को अर्पण करते थे, रत्न-खण्ड, स्वर्ण-मुद्राएँ देवता के चरणों में गिरती थीं। पुजारी भक्तों को फल-फूलों का प्रसाद देते थे। वे प्रसन्न होकर जाते थे। सरला से न रहा गया। उसने अपने अर्ध-विकसित फूलों का पर्ण-पुट खोला भी नहीं। बड़ी लज्जा से, जिसमें कोई देखे नहीं, ज्यों-का-त्यों, फेंक दिया; परन्तु वह गिरा ठीक देवता के चरणों पर। पुजारी ने सब की आँख बचा कर रख लिया। सरला फिर कोने में जाकर खड़ी हो गयी। देर तक दर्शकों का आना, दर्शन करना, घण्टे का बजाना, फूलों का रौंद, चन्दन-केसर की कीच और रत्न-स्वर्ण की क्रीड़ा होती रही। सरला चुपचाप खड़ी देखती रही।

शयन आरती का समय हुआ। दर्शक बाहर हो गये। रत्न-जटित स्वर्ण आरती लेकर पुजारी ने आरती आरम्भ करने के पहले देव-प्रतिमा के पास के फूल हटाये। रत्न-आभूषण उतारे, उपहार के स्वर्ण-रत्न बटोरे। मूर्ति नग्न और विरल-शृंगार थी। अकस्मात् पुजारी का ध्यान उस पर्ण-पुट की ओर गया। उसने खोल कर उन थोड़े-से अर्ध-विकसित कुसुमों को, जो अवहेलना से सूखा ही चाहते थे, भगवान् के नग्न शरीर पर यथावकाश सजा दिया। कई जन्म का अतृप्त शिल्पी ही जैसे पुजारी होकर आया है। मूर्ति की पूर्णता का उद्योग कर रहा है। शिल्पी की शेष कला की पूर्ति हो गयी। पुजारी विशेष भावापन्न होकर आरती करने लगा। सरला को देखकर भी किसी ने न देखा, न पूछा कि 'तुम इस समय मन्दिर में क्यों हो?'

आरती हो रही थी, बाहर का घण्टा बज रहा था। सरला मन में सोच रही थी, मैं दो-चार फूल-पत्ते ही लेकर आयी। परन्तु चढ़ाने का, अर्पण करने का हृदय में गौरव था। दान की सो भी किसे! भगवान को! मन में उत्साह था। परन्तु हाय! 'प्रसाद' की आशा ने, शुभ कामना के बदले की लिप्सा ने मुझे छोटा बनाकर अभी तक रोक रक्खा। सब दर्शक चले गये, मैं खड़ी हूँ, किस लिए। अपने उन्हीं अर्पण

किये हुए दो-चार फूल लौटा लेने के लिए, "तो चलूँ।"

अकस्मात् आरती बन्द हुई। सरला ने जाने के लिए आशा का उत्सर्ग करके एक बार देव-प्रतिमा की ओर देखा। देखा कि उसके फूल भगवान के अंग पर सुशोभित हैं। वह ठिठक गयी। पुजारी ने सहसा घूम कर देखा और कहा,-"अरे तुम! अभी यहीं हो, तुम्हें प्रसाद नहीं मिला, लो।" जान में या अनजान में, पुजारी ने भगवान् की एकावली सरला के नत गले में डाल दी! प्रतिमा प्रसन्न होकर हँस पड़ी।

गूदड़ साईं

''साईं! ओ साईं!!'' एक लड़के ने पुकारा। साईं घूम पड़ा। उसने देखा कि एक 8 वर्ष का बालक उसे पुकार रहा है।

आज कई दिन पर उस मुहल्ले में साईं दिखलाई पड़ा है। साईं वैरागी था,-माया नहीं, मोह नहीं। परन्तु कुछ दिनों से उसकी आदत पड़ गयी थी कि दोपहर को मोहन के घर जाना, अपने दो-तीन गन्दे गूदड़ यत्न से रख कर उन्हीं पर बैठ जाता और मोहन से बातें करता। जब कभी मोहन उसे गरीब और भिखमंगा जानकर माँ से अभिमान करके पिता की नजर बचाकर कुछ साग-रोटी लाकर दे देता, तब उस साईं के मुख पर पवित्र मैत्री के भावों का साम्राज्य हो जाता। गूदड़ साईं उस समय 10 बरस के बालक के समान अभिमान, सराहना और उलाहना के आदान-प्रदान के बाद उसे बड़े चाव से खा लेता; मोहन की दी हुई एक रोटी उसकी अक्षय-तृप्ति का कारण होती।

एक दिन मोहन के पिता ने देख लिया। वह बहुत बिगड़े। वह थे कट्टर आर्यसमाजी, 'ढोंगी फकीरों पर उनकी साधारण और स्वाभाविक चिढ़ थी।' मोहन को डाँटा कि वह इन लोगों के साथ बातें न किया करे। साईं हँस पड़ा, चला गया।

उसके बाद आज कई दिन पर साईं आया और वह जान-बूझकर उस बालक के मकान की ओर नहीं गया; परन्तु पढ़क्कर लौटते हुए मोहन ने उसे देखकर पुकारा और वह लौट भी आया।

''मोहन!''

''तुम आजकल आते नहीं?''

''तुम्हारे बाबा बिगड़ते थे।''

''नहीं, तुम रोटी ले जाया करो।''

''भूख नहीं लगती।''

''अच्छा, कल जरूर आना; भूलना मत!''

इतने में एक दूसरा लड़का साईं का गूदड़ खींचकर भागा। गूदड़ लेने के लिए साईं उस लड़के के पीछे दौड़ा। मोहन खड़ा देखता रहा, साईं आँखों से ओझल हो गया।

चौराहे तक दौड़ते-दौड़ते साईं को ठोकर लगी, वह गिर पड़ा। सिर से खून बहने लगा। खिझाने के लिए जो लड़का उसका गूदड़ लेकर भागा था, वह डर से ठिठका रहा। दूसरी ओर से मोहन के पिता ने उसे पकड़ लिया, दूसरे हाथ से साईं को पकड़ कर उठाया। नटखट लड़के के सर पर चपत पड़ने लगी; साईं उठकर खड़ा हो गया।

''मत मारो, मत मारो, चोट आती होगी!'' साईं ने कहा-और लड़के को छुड़ाने लगा! मोहन के पिता ने साईं से पूछा-''तब चीथड़े के लिए दौड़ते क्यों थे?''

सिर फटने पर भी जिसको रुलाई नहीं आयी थी, वह साईं लड़के को रोते देखकर रोने लगा। उसने कहा-''बाबा, मेरे पास, दूसरी कौन वस्तु है, जिसे देकर इन 'रामरूप' भगवान को प्रसन्न करता!''

"तो क्या तुम इसीलिए गूदड़ रखते हो?"

"इस चीथड़े को लेकर भागते हैं भगवान् और मैं उनसे लड़कर छीन लेता हूँ; रखता हूँ फिर उन्हीं से छिनवाने के लिए, उनके मनोविनोद के लिए। सोने का खिलौना तो उचक्के भी छीनते हैं, पर चीथड़ों पर भगवान् ही दया करते हैं!" इतना कहकर बालक का मुँह पोंछते हुए मित्र के समान गलबाँही डाले हुए साईं चला गया।

मोहन के पिता आश्चर्य से बोले-"गूदड़ साईं! तुम निरे गूदड़ नहीं; गुदड़ी के लाल हो!!"

गुदड़ी में लाल

दीर्घ निश्वासों का क्रीड़ा-स्थल, गर्म-गर्म आँसुओं का फूटा हुआ पात्र! कराल काल की सारंगी, एक बुढ़िया का जीर्ण कंकाल, जिसमें अभिमान के लय में करुणा की रागिनी बजा करती है।

अभागिनी बुढ़िया, एक भले घर की बहू-बेटी थी। उसे देखकर दयालु वयोवृद्ध, हे भगवान! कहके चुप हो जाते थे। दुष्ट कहते थे कि अमीरी में बड़ा सुख लूटा है। नवयुवक देश-भक्त कहते थे, देश दरिद्र है; खोखला है। अभागे देश में जन्मग्रहण करने का फल भोगती है। आगामी भविष्य की उज्ज्वलता में विश्वास रखकर हृदय के रक्त पर सन्तोष करे। जिस देश का भगवान् ही नहीं; उसे विपत्ति क्या! सुख क्या!

परन्तु बुढ़िया सबसे यही कहा करती थी-"मैं नौकरी करूँगी। कोई मेरी नौकरी लगा दो।" देता कौन? जो एक घड़ा जल भी नहीं भर सकती, जो स्वयं उठ कर सीधा खड़ी नहीं हो सकती थी, उससे कौन काम कराये? किसी की सहायता लेना पसन्द नहीं, किसी की भिक्षा का अन्न उसके मुख में पैठता ही न था। लाचार होकर बाबू रामनाथ ने उसे अपनी दुकान में रख लिया। बुढ़िया की बेटी थी, वह दो पैसे कमाती थी। अपना पेट पालती थी, परन्तु बुढ़िया का विश्वास था कि कन्या का धन खाने से उस जन्म में बिल्ली, गिरगिट और भी क्या-क्या होता है। अपना-अपना विश्वास ही है, परन्तु धार्मिक विश्वास हो या नहीं, बुढ़िया को अपने आत्माभिमान का पूर्ण विश्वास था। वह अटल रही। सर्दी के दिनों में अपने ठिठुरे हुए हाथ से वह अपने लिए पानी भर के रखती। अपनी बेटी से सम्भवत: उतना ही काम कराती, जितना अमीरी के दिनों में कभी-कभी उसे अपने घर बुलाने पर कराती।

बाबू रामनाथ उसे मासिक वृत्ति देते थे। और भी तीन-चार पैसे उसे चबेनी के, जैसे और नौकरों को मिलते थे, मिला करते थे। कई बरस बुढ़िया के बड़ी प्रसन्नता से कटे। उसे न तो दुःख था और न सुख। दुकान में झाड़ू लगाकर उसकी बिखरी हुई चीजों को बटोरे रहना और बैठे-बैठे थोड़ा-घना जो काम हो, करना बुढ़िया का दैनिक कार्य था। उससे कोई नहीं पूछता था कि तुमने कितना काम किया। दुकान के और कोई नौकर यदि दुष्टतावश उसे छेड़ते भी थे, तो रामनाथ उन्हें डाँट देता था।

वसन्त, वर्षा, शरद और शिशिर की सन्ध्या में जब विश्व की वेदना, जगत् की थकावट, धूसर चादर में मुँह लपेट कर क्षितिज के नीरव प्रान्त में सोने जाती थी; बुढ़िया अपनी कोठरी में लेट रहती। अपनी कमाई के पैसे से पेट भरकर, कठोर पृथ्वी की कोमल रोमावली के समान हरी-हरी दूब पर भी लेट रहना किसी-किसी के सुखों की संख्या है, वह सबको प्राप्त नहीं। बुढ़िया धन्य हो जाती थी, उसे सन्तोष होता।

एक दिन उस दुर्बल, दीन, बुढ़िया को बनिये की दुकान में लाल मिरचे फटकना पड़ा। बुढ़िया ने किसी-किसी कष्ट से उसे सँवारा। परन्तु उसकी तीव्रता वह सहन न कर सकी। उसे मूर्च्छा आ गयी। रामनाथ ने देखा, और देखा अपने कठोर ताँबे के पैसे की ओर। उसके हृदय ने धिक्कारा, परन्तु अन्तरात्मा ने ललकारा। उस बनिया रामनाथ को साहस हो गया। उसने सोचा, क्या इस बुढ़िया को 'पिन्सिन' नहीं दे सकता? क्या उनके पास इतना अभाव है? अवश्य दे सकता है। उसने मन में निश्चय किया। "तुम बहुत थक गयी हो, अब तुमसे काम नहीं हो सकता।" बुढ़िया के देवता कूच कर गये। उसने कहा-"नहीं नहीं, अभी तो मैं अच्छी तरह काम कर लेती हूँ।" "नहीं, अब तुम काम करना बन्द

कर दो, मैं तुमको घर बैठे दिया करूँगा।"

"नहीं बेटा! अभी तुम्हारा काम मैं अच्छा-भला किया करूँगी।" बुढ़िया के गले में काँटे पड़ गये थे। किसी सुख की इच्छा से नहीं, पेन्शन के लोभ से भी नहीं। उसके मन में धक्का लगा। वह सोचने लगी-"मैं बिना किसी काम के किये इसका पैसा कैसे लूँगी?" क्या यह भीख नहीं?" आत्माभिमान झनझना उठा। हृदय-तन्त्री के तार कड़े होकर चढ़ गये। रामनाथ ने मधुरता से कहा-"तुम घबराओ मत, तुमको कोई कष्ट न होगा।"

बुढ़िया चली आयी। उसकी आँखों में आँसू न थे। आज वह सूखे काठ-सी हो गयी। घर जाकर बैठी, कोठरी में अपना सामान एक ओर सुधारने लगी। बेटी ने कहा-"माँ, यह क्या करती हो?"

माँ ने कहा-"चलने की तैयारी करो।"

रामनाथ अपने मन में अपनी प्रशंसा कर रहा था, अपने को धन्य समझता था। उसने समझ लिया कि हमने आज एक अच्छा काम करने का संकल्प किया है। भगवान् इससे अवश्य प्रसन्न होंगे।

बुढ़िया अपनी कोठरी में बैठी-बैठी विचारती थी, "जीवन भर के सञ्चित इस अभिमान-धन को एक मुट्ठी अन्न की भिक्षा पर बेच देना होगा। असह्य! भगवान् क्या मेरा इतना सुख भी नहीं देख सकते! उन्हें सुनना होगा।" वह प्रार्थना करने लगी।

"इस अनन्त ज्वालामयी सृष्टि के करता! क्या तुम्हीं करुणा-निधान हो? क्या इसी डर से तुम्हारा अस्तित्व माना जाता है? अभाव, आशा, असन्तोष और आर्तनादों के आचार्य! क्या तुम्हीं दीनानाथ हो? तुम्हीं ने वेदना का विषम जाल फैलाया है? तुम्हीं ने निष्ठर दु:खों के सहने के लिए मानव-हृदय सा कोमल पदार्थ चुना है और उसे विचारने के लिए, स्मरण करने के लिए दिया है अनुभवशील मस्तिष्क? कैसी कठोर कल्पना है, निष्ठर! तुम्हारी कठोर करुणा की जय हो! मैं चिर पराजित हूँ।"

सहसा बुढ़िया के शीर्ण मुख पर कान्ति आ गयी। उसने देखा, एक स्वर्गीय ज्योति उसे बुला रही है। वह हँसी, फिर शिथिल होकर लेट रही।

रामनाथ ने दूसरे ही दिन सुना कि बुढ़िया चली गयी। वेदना-क्लेशहीन-अक्षयलोक में उसे स्थान मिल गया। उस महीने की पेन्शन से उसका दाह-कर्म करा दिया। फिर एक दीर्घ निश्वास छोड़कर बोला, "अमीरी की बाढ़ में न जाने कितनी वस्तु कहाँ से आकर एकत्र हो जाती हैं, बहुतों के पास उस बाढ़ के घट जाने पर केवल कुर्सी, कोच और ट्रूट गहने रह जाते हैं। परन्तु बुढ़िया के पास रह गया था सच्चा स्वाभिमान गुदड़ी का लाल।"

अघोरी का मोह

१

"आज तो भैया, मूँग की बरफी खाने को जी नहीं चाहता, यह साग तो बड़ा ही चटकीला है। मैं तो...."

"नहीं-नहीं जगन्नाथ, उसे दो बरफी तो जरूर ही दे दो।"

"न-न-न। क्या करते हो, मैं गंगा जी में फेंक दूँगा।"

"लो, तब मैं तुम्ही को उलटे देता हूँ।" ललित ने कह कर किशोर की गर्दन पकड़ ली। दीनता से भोली और प्रेम-भरी आँखों से चन्द्रमा की ज्योति में किशोर ने ललित की ओर देखा। ललित ने दो बरफी उसके खुले मुख में डाल दी। उसने भरे हुए मुख से कहा,-भैया, अगर ज्यादा खाकर मैं बीमार हो गया।" ललित ने उसके बर्फ के समान गालों पर चपत लगाकर कहा-"तो मैं सुधाविन्द का नाम गरलधारा रख दूँगा। उसके एक बूँद में सत्रह बरफी पचाने की ताकत है। निर्भय होकर भोजन और भजन करना चाहिए।"

शरद की नदी अपने करारों में दबकर चली जा रही है। छोटा-सा बजरा भी उसी में अपनी इच्छा से बहता हुआ जा रहा है, कोई रोक-टोक नहीं है। चाँदनी निखर रही थी, नाव की सैर करने के लिए ललित अपने अतिथि किशोर के साथ चला आया है। दोनों में पवित्र सौहाद्रर है। जाह्नवी की धवलता आ दोनों की स्वच्छ हँसी में चन्द्रिका के साथ मिलकर एक कुतूहलपूर्ण जगत् को देखने के लिए आवाहन कर रही है। धनी सन्तान ललित अपने वैभव में भी किशोर के साथ दीनता का अनुभव करने में बड़ा उत्सुक है। वह सानन्द अपनी दुर्बलताओं को, अपने अभाव को, अपनी करुणा को, उस किशोर बालक से व्यक्त कर रहा है। इसमें उसे सुख भी है, क्योंकि वह एक न समझने वाले हिरन के समान बड़ी-बड़ी भोली आँखों से देखते हुए केवल सुन लेने वाले व्यक्ति से अपनी समस्त कथा कहकर अपना बोझ हलका कर लेता है। और उसका दु:ख कोई समझने वाला व्यक्ति न सुन सका, जिससे उसे लज्जित होना पड़ता, यह उसे बड़ा सुयोग मिला है।

ललित को कौन दु:ख है? उसकी आत्मा क्यों इतनी गम्भीर है? यह कोई नहीं जानता। क्योंकि उसे सब वस्तु की पूर्णता है, जितनी संसार में साधारणत: चाहिए; फिर भी उसकी नील नीरद-माला-सी गम्भीर मुखाकृति में कभी-कभी उदासीनता बिजली की तरह चमक जाती है।

ललित और किशोर बात करते-करते हँसते-हँसते अब थक गये हैं। विनोद के बाद अवसाद का आगमन हुआ। पान चबाते-चबाते ललित ने कहा-"चलो जी, अब घर की ओर।"

माँझियों ने डाँड़ लगाना आरम्भ किया। किशोर ने कहा-"भैया, कल दिन में इधर देखने की बड़ी इच्छा है। बोलो, कल आओगे?" ललित चुप था। किशोर ने कान में चिल्ला कर कहा-"भैया! कल आओगे न?" ललित ने चुप्पी साध ली। किशोर ने फिर कहा-"बोलो भैया, नहीं तो मैं तुम्हारा पैर दबाने लगूँगा।"

ललित पैर छूने से घबरा कर बोला-"अच्छा, तुम कहो कि हमको किसी दिन अपनी सूखी रोटी

खिलाओगे?..."

किशोर ने कहा-"मैं तुमको खीरमोहन, दिलखुश.." ललित ने कहा-"न-न-न.. मैं तुम्हारे हाथ से सूखी रोटी खाऊँगा-बोलो, स्वीकार है? नहीं तो मैं कल नहीं आऊँगा।"

किशोर ने धीरे से स्वीकार कर लिया। ललित ने चन्द्रमा की ओर देखकर आँख बंद कर लिया। बरौनियों की जाली से इन्दु की किरणें घुसकर फिर कोर में से मोती बन-बन कर निकल भागने लगीं। यह कैसी लीला थी!

२

25 वर्ष के बाद

कोई उसे अघोरी कहते हैं, कोई योगी। मुर्दा खाते हुए किसी ने नहीं देखा है, किन्तु खोपड़ियों से खेलते हुए, उसके जोड़ की लिपियों को पढ़ते हुए, फिर हँसते हुए, कई व्यक्तियों ने देखा है। गाँव की स्त्रियाँ जब नहाने आती हैं, तब कुछ रोटी, दूध, बचा हुआ चावल लेती आती हैं। पञ्चवटी के बीच में झोंपड़ी में रख जाती हैं। कोई उससे यह भी नहीं पूछता कि वह खाता है या नहीं। किसी स्त्री के पूछने पर-"बाबा, आज कुछ खाओगे-, अघोरी बालकों की-सी सफेद आँखों से देख कर बोल उठता- "माँ।" युवतियाँ लजा जातीं। वृद्धाएँ करुणा से गद्-गद् हो जातीं और बालिकाएँ खिलखिला कर हँस पड़तीं तब अघोरी गंगा के किनारे उतर कर चला जाता और तीर पर से गंगा के साथ दौड़ लगाते हुए कोसों चला जाता, तब लोग उसे पागल कहते थे। किन्तु कभी-कभी सन्ध्या को सन्तरे के रंग से जब जाह्नवी का जल रँग जाता है और पूरे नगर की अट्टालिकाओं का प्रतिबिम्ब छाया-चित्र का दृश्य बनाने लगता, तब भाव-विभोर होकर कल्पनाशील भावुक की तरह वही पागल निर्निमेष दृष्टि से प्रकृति के अदृश्य हाथों से बनाये हुए कोमल कारीगरी के कमनीय कुसुम को-नन्हें-से फूल को-बिना तोड़े हुए उन्हीं घासों में हिलाकर छोड़ देता और स्नेह से उसी ओर देखने लगता, जैसे वह उस फूल से कोई सन्देश सुन रहा हो।

--

शीत-काल है। मध्याह्न है। सवेरे से अच्छा कुहरा पड़ चुका है। नौ बजने के बाद सूर्य का उदय हुआ है। छोटा-सा बजरा अपनी मस्तानी चाल से जाह्नवी के शीतल जल में सन्तरण कर रहा है। बजरे की छत पर तकिये के सहारे कई बच्चे और स्त्री-पुरुष बैठे हुए जल-विहार कर रहे हैं।

कमला ने कहा-"भोजन कर लीजिए, समय हो गया है।" किशोर ने कहा-"बच्चों को खिला दो, अभी और दूर चलने पर हम खाएँगे।" बजरा जल से कल्लोल करता हुआ चला जा रहा है। किशोर शीतकाल के सूर्य की किरणों से चमकती हुई जल-लहरियों को उदासीन अथवा स्थिर दृष्टि से देखता हुआ न जाने कब की और कहाँ की बातें सोच रहा है। लहरें क्यों उठती हैं और विलीन होती हैं, बुदबुद और जल-राशि का क्या सम्बन्ध है? मानव-जीवन बुदबुद है कि तरंग? बुदबुद है, तो विलीन होकर फिर क्यों प्रकट होता है? मलिन अंश फेन कुछ जलबिन्द से मिलकर बुदबुद का अस्तित्व क्यों बना देता है? क्या वासना और शरीर का भी यही सम्बन्ध है? वासना की शक्ति? कहाँ-कहाँ किस रूप में अपनी इच्छा चरितार्थ करती हुई जीवन को अमृत-गरल का संगम बनाती हुई अनन्त काल तक दौड़ लगायेगी? कभी अवसान होगा, कभी अनन्त जल-राशि में विलीन होकर वह अपनी अखण्ड समाधि लेगी? ..... हैं, क्या सोचने लगा? व्यर्थ की चिन्ता। उहँ।"

नवल ने कहा-"बाबा, ऊपर देखो। उस वृक्ष की जड़ें कैसी अद्भुत फैली हुई हैं।"

किशोर ने चौंक कर देखा। वह जीर्ण वृक्ष, कुछ अनोखा था। और भी कई वृक्ष ऊपर के करारे को उसी तरह घेरे हुए हैं, यहाँ अघोरी की पञ्चवटी है। किशोर ने कहा-"नाव रोक दे। हम यहीं ऊपर चलकर ठहरेंगे। वहीं जलपान करेंगे।" थोड़ी देर में बच्चों के साथ किशोर और कमला उतरकर

पञ्चवटी के करारे पर चढ़ने लगे।

--

सब लोग खा-पी चुके। अब विश्राम करके नाव की ओर पलटने की तैयारी है। मलिन अंग, किन्तु पवित्रता की चमक, मुख पर रुक्षकेश, कौपीनधारी एक व्यक्ति आकर उन लोगों के सामने खड़ा हो गया।

"मुझे कुछ खाने को दो।" दूर खड़ा हुआ गाँव का एक बालक उसे माँगते देखकर चकित हो गया। वह बोला, "बाबू जी, यह पञ्चवटी के अघोरी हैं।"

किशोर ने एक बार उसकी ओर देखा, फिर कमला से कहा-"कुछ बचा हो, तो इसे दे दो।"

कमला ने देखा, तो कुछ परावठे बचे थे। उसने निकालकर दे दिया।

किशोर ने पूछा-"और कुछ नहीं है?" उसने कहा-"नहीं।"

अघोरी उस सूखे परावठे को लेकर हँसने लगा। बोला-"हमको और कुछ न चाहिए।" फिर एक खेलते हुए बच्चे को गोद में उठा कर चूमने लगा। किशोर को बुरा लगा। उसने कहा-"उसे छोड़ दो, तुम चले जाओ।"

अघोरी ने हताश दृष्टि से एक बार किशोर की ओर देखा और बच्चे को रख दिया। उसकी आँखें भरी थीं, किशोर को कुतूहल हुआ। उसने कुछ पूछना चाहा, किन्तु वह अघोरी धीरे-धीरे चला गया। किशोर कुछ अव्यवस्थित हो गये। वह शीघ्र नाव पर सब को लेकर चले आये।

नाव नगर की ओर चली। किन्तु किशोर का हृदय भारी हो गया था। वह बहुत विचारते थे, कोई बात स्मरण करना चाहते थे, किन्तु वह ध्यान में नहीं आती थी-उनके हृदय में कोई भूली हुई बात चिकोटी काटती थी, किन्तु वह विवश थे। उन्हें स्मरण नहीं होता था। मातृ-स्नेह से भरी हुई कमला ने सोचा कि हमारे बच्चों को देखकर अघोरी को मोह हो गया।

पाप की पराजय

१

घने हरे कानन के हृदय में पहाड़ी नदी झिर-झिर करती बह रही है। गाँव से दूर, बन्दूक लिये हुए शिकारी के वेश में, घनश्याम दूर बैठा है। एक निरीह शशक मारकर प्रसन्नता से पतली-पतली लकड़ियों में उसका जलना देखता हुआ प्रकृति की कमनीयता के साथ वह बड़ा अन्याय कर रहा है। किन्तु उसे दायित्व-विहीन विचारपति की तरह बेपरवाही है। जंगली जीवन का आज उसे बड़ा अभिमान है। अपनी सफलता पर आप ही मुग्ध होकर मानव-समाज की शैशवावस्था की पुनरावृत्ति करता हुआ निर्दय घनश्याम उस अधजले जन्तु से उदर भरने लगा। तृप्त होने पर वन की सुधि आई। चकित होकर देखने लगा कि यह कैसा रमणीय देश है। थोड़ी देर में तन्द्रा ने उसे दबा दिया। वह कोमल वृत्ति विलीन हो गयी। स्वप्न ने उसे फिर उद्वेलित किया। निर्मल जल-धारा से धुले हुए पत्तों का घना कानन, स्थान-स्थान पर कुसुमित कुञ्ज, आन्तरिक और स्वाभाविक आलोक में उन कुञ्जों की कोमल छाया, हृदय-स्पर्शकारी शीतल पवन का सञ्चार, अस्फुट आलेख्य के समान उसके सामने स्फुरित होने लगे।

घनश्याम को सुदूर से मधुर झंकार-सी सुनाई पड़ने लगी। उसने अपने को व्याकुल पाया। देखा तो एक अद्भुत दृश्य! इन्द्रनील की पुतली फूलों से सजी हुई झरने के उस पार पहाड़ी से उतर कर बैठी है। उसके सहज-कुञ्चित केश से वन्य कुरुवक कलियाँ कूद-कूद कर जल-लहरियों से क्रीड़ा कर रही हैं। घनश्याम को वह वनदेवी-सी प्रतीत हुई। यद्यपि उसका रंग कंचन के समान नहीं, फिर भी गठन साँचे में ढला हुआ है। आकर्ण विस्तृत नेत्र नहीं, तो भी उनमें एक स्वाभाविक राग है। यह कवि की कल्पना-सी कोई स्वर्गीया आकृति नहीं, प्रत्युत एक भिल्लिनी है। तब भी इसमें सौन्दर्य नहीं है, यह कोई साहस के साथ नहीं कह सकता। घनश्याम ने तन्द्रा से चौंककर उस सहज सौन्दर्य को देखा और विषम समस्या में पड़कर यह सोचने लगा—"क्या सौन्दर्य उपासना की ही वस्तु है, उपभोग की नहीं?" इस प्रश्न को हल करने के लिए उसने हण्टिंग कोट के पाकेट का सहारा लिया। क्लान्तिहारिणी का पान करने पर उसकी आँखों पर रंगीन चश्मा चढ़ गया। उसकी तन्द्रा का यह काल्पनिक स्वर्ग धीरे-धीरे विलास-मन्दिर में परिणत होने लगा। घनश्याम ने देखा कि अदभुत रूप, यौवन की चरम सीमा और स्वास्थ्य का मनोहर संस्करण, रंग बदलकर पाप ही सामने आया।

पाप का यह रूप, जब वह वासना को फाँस कर अपनी ओर मिला चुकता है, बड़ा कोमल अथच कठोर एवं भयानक होता है और तब पाप का मुख कितना सुन्दर होता है! सुन्दर ही नहीं, आकर्षक भी, वह भी कितना प्रलोभन-पूर्ण और कितना शक्तिशाली, जो अनुभव में नहीं आ सकता। उसमें विजय का दर्प भरा रहता है। वह अपने एक मृदु मुस्कान से सुदृढ़ विवेक की अवहेलना करता है। घनश्याम ने धोखा खाया और क्षण भर में वह सरल सुषमा विलुप्त होकर उद्दीपन का अभिनय करने लगी। यौवन ने भी उस समय काम से मित्रता कर ली। पाप की सेना और उसका आक्रमण प्रबल हो चला। विचलित होते ही घनश्याम को पराजित होना पड़ा। वह आवेश में बाँहें फैलाकर झरने को पार करने लगा।

नील की पुतली ने उस ओर देखा भी नहीं। युवक की मांसल पीन भुजायें उसे आलिंगन किया

ही चाहती थीं कि ऊपर पहाड़ी पर से शब्द सुनाई पड़ा-"क्यों नीला, कब तक यहीं बैठी रहेगी? मुझे देर हो रही है। चल, घर चलें।"

घनश्याम ने सिर उठा कर देखा तो ज्योतिर्मयी दिव्य मूर्ति रमणी सुलभ पवित्रता का ज्वलन्त प्रमाण, केवल यौवन से ही नहीं, बल्कि कला की दृष्टि से भी, दृष्टिगत हुई। किन्तु आत्म-गौरव का दुर्ग किसी की सहज पाप-वासना को वहाँ फटकने नहीं देता था। शिकारी घनश्याम लज्जित तो हुआ ही, पर वह भयभीत भी था। पुण्य-प्रतिमा के सामने पाप की पराजय हुई। नीला ने घबराकर कहा-"रानी जी, आती हूँ। जरा मैं थक गयी थी।" रानी और नीला दोनों चली गयीं। अबकी बार घनश्याम ने फिर सोचने का प्रयास किया-क्या सौन्दर्य उपभोग के लिये नहीं, केवल उपासना के लिए है?" खिन्न होकर वह घर लौटा। किन्तु बार-बार वह घटना याद आती रही। घनश्याम कई बार उस झरने पर क्षमा माँगने गया। किन्तु वहाँ उसे कोई न मिला।

२

जो कठोर सत्य है, जो प्रत्यक्ष है, जिसकी प्रचण्ड लपट अभी नदी में प्रतिभाषित हो रही है, जिसकी गर्मी इस शीतल रात्रि में भी अंक में अनुभूत हो रही है, उसे असत्य या उसे कल्पना कह कर उड़ा देने के लिए घनश्याम का मन हठ कर रहा है।

थोड़ी देर पहले जब (नदी पर से मुक्त आकाश में एक टुकड़ा बादल का उठ आया था) चिता लग चुकी थी, घनश्याम आग लगाने को उपस्थित था। उसकी स्त्री चिता पर अतीत निद्रा में निमग्न थी, । निठुर हिन्द-शास्त्र की कठोर आज्ञा से जब वह विद्रोह करने लगा था, उसी समय घनश्याम को सान्त्वना हुई, उसने अचानक मूर्खता से अग्नि लगा दी। उसे ध्यान हुआ कि बादल बरस कर निर्दय चिता को बुझा देंगे, उसे जलने न देंगे। किन्तु व्यर्थ? चिता ठंडी होकर और भी ठहर-ठहर कर सुलगने लगी, क्षण भर में जल कर राख न होने पायी।

घनश्याम ने हृदय में सोचा कि यदि हम मुसलमान या ईसाई होते तो? आह! फूलों से मिली हुई मुलायम मिट्टी में इसे सुला देते, सुन्दर समाधि बनाते, आजीवन प्रति सन्ध्या को दीप जलाते, फूल चढ़ाते, कविता पढ़ते, रोते, आँसू बहाते, किसी तरह दिन बीत जाते। किन्तु यहाँ कुछ भी नहीं। हत्यारा समाज! कठोर धर्म! कुत्सित व्यवस्था! इनसे क्या आशा? चिता जलने लगी।

३

श्मशान से लौटते समय घनश्याम ने साथियों को छोड़कर जंगल की ओर पैर बढ़ाया। जहाँ प्रायः शिकार खेलने जाया करता, वहीं जाकर बैठ गया। आज वह बहुत दिनों पर इधर आया है। कुछ ही दूरी पर देखा कि साखू के वृक्ष की छाया में एक सुकुमार शरीर पड़ा है। सिरहाने तकिया का काम हाथ दे रहा है। घनश्याम ने अभी कड़ी चोट खायी है। करुण-कमल का उसके आर्द्र मानस में विकास हो गया था। उसने समीप जाकर देखा कि वह रमणी और कोई नहीं है, वह रानी है, जिसे उसने बहुत दिन हुए एक अनोखे ढंग में देखा था। घनश्याम की आहट पाते ही रानी उठ बैठी। घनश्याम ने पूछा-"आप कौन हैं? क्यों यहाँ पड़ी हैं?"

रानी-"मैं केतकी-वन की रानी हूँ।"

"तब ऐसे क्यों?"

"समय की प्रतीक्षा में पड़ी हूँ।"

"कैसा समय?"

"आप से क्या काम?" क्या शिकार खेलने आये हैं?"

"नहीं देवी! आज स्वयं शिकार हो गया हूँ?"

"तब तो आप शीघ्र ही शहर की ओर पलटेंगे। क्या किसी भिल्लनी के नयन-बाण लगे हैं? किन्तु नहीं, मैं भूल कर रही हूँ। उन बेचारियों को क्षुधा-ज्वाला ने जला रक्खा है। ओह, वह गढ़े में धँसी हुई आँखें अब किसी को आकर्षित करने का सामर्थ्य नहीं रखतीं। हे भगवान, मैं किसलिए पहाड़ी से उतर कर आयी हूँ।"

"देवी! आपका अभिप्राय क्या है, मैं समझ न सका। क्या ऊपर अकाल है, दुर्भिक्ष है?"

"नहीं-नहीं, ईश्वर का प्रकोप है, पवित्रता का अभिशाप है, करुणा की वीभत्स मूर्ति का दर्शन है।"

"तब आपकी क्या इच्छा है?"

"मैं वहाँ की रानी हूँ। मेरे वस्त्र-आभूषण-भण्डार में जो कुछ था, सब बेच कर तीन महीने किसी प्रकार उन्हें खिला सकी, अब मेरे पास केवल इस वस्त्र को छोड़कर और कुछ नहीं रहा कि विक्रय करके एक भी क्षुधित पेट की ज्वाला बुझाती, इसलिए ....।"

"क्या?"

"शहर चलूँगी। सुना है कि वहाँ रूप का भी दाम मिलता है। यदि कुछ मिल सके .."

"तब?"

"तो इसे भी बेच दूँगी। अनाथ बालकों को इससे कुछ तो सहायता पहुँच सकेगी। क्यों, क्या मेरा रूप बिकने योग्य नहीं है?"

युवक घनश्याम इसका उत्तर देने में असमर्थ था। कुछ दिन पहले वह अपना सर्वस्व देकर भी ऐसा रूप क्रय करने को प्रस्तुत हो जाता। आज वह अपनी स्त्री के वियोग में बड़ा ही सीधा, धार्मिक, निरीह एवं परोपकारी हो गया था। आर्त मुमुक्षु की तरह उसे न जाने किस वस्तु की खोज थी।

घनश्याम ने कहा–"मैं क्या उत्तर दूँ?"

"क्यों? क्या दाम न लगेगा? हाँ तुम भी आज किस वेश में हो? क्या सोचते हो? बोलते क्यों नहीं?"

"मेरी स्त्री का शरीरान्त हो गया।"

"तब तो अच्छा हुआ, तुम नगर के धनी हो। तुम्हें तो रूप की आवश्यकता होती होगी। क्या इसे क्रय करोगे?"

घनश्याम ने हाथ जोड़कर सिर नीचा कर लिया। तब उस रानी ने कहा–"उस दिन तो एक भिल्लनी के रूप पर मरते थे। क्यों, आज क्या हुआ?"

"देवी, मेरा साहस नहीं है–वह पाप का वेग था।"

"छि: पाप के लिए साहस था और पुण्य के लिए नहीं?"

घनश्याम रो पड़ा और बोला–"क्षमा कीजिएगा। पुण्य किस प्रकार सम्पादित होता है, मुझे नहीं मालूम। किन्तु इसे पुण्य कहने में..।"

"संकोच होता है। क्यों?"

इसी समय दो-तीन बालक, चार-पाँच स्त्रियाँ और छ:-सात भील अनाहार-क्लिष्ट शीर्ण कलेवर पवन के बल से हिलते-डुलते रानी के सामने आकर खड़े हो गये।

रानी ने कहा–"क्यों अब पाप की परिभाषा करोगे?"

घनश्याम ने काँप कर कहा–"नहीं, प्रायश्चित करूँगा, उस दिन के पाप का प्रायश्चित।"

युवक घनश्याम वेग से उठ खड़ा हुआ, बोला-"बहिन, तुमने मेरे जीवन को अवलम्ब दिया है। मैं निरुद्देश्य हो रहा था, कर्तव्य नहीं सूझ पड़ता था। आपको क्रय-विक्रय न करना पड़ेगा। देवी! मैं सन्ध्या तक आ जाऊँगा।"

"सन्ध्या तक?"

"और भी पहले।"

बालक रोने लगे-"रानी माँ, अब नहीं रह जाता।" घनश्याम से भी नहीं रहा गया, वह भागा।

घनश्याम की पापभूमि, देखते-देखते गाड़ी और छकड़ों से भर गयी, बाजार लग गया, रानी के प्रबन्ध में घनश्याम ने वहीं पर अकाल पीड़ितों की सेवा आरम्भ कर दी।

जो घटना उसे बार-बार स्मरण होती थी, उसी का यह प्रायश्चित था। घनश्याम ने उसी भिल्लनी को प्रधान प्रबन्ध करनेवाली देख कर आश्चर्य किया। उसे न जाने क्यों हर्ष और उत्साह दोनों हुए।

सहयोग

मनोरमा, एक भूल से सचेत होकर जब तक उसे सुधारने में लगती है, तब तक उसकी दूसरी भूल उसे अपनी मनुष्यता पर ही सन्देह दिलाने लगती है। प्रतिदिन प्रतिक्षण भूल की अविच्छिन्न शृंखला मानव-जीवन को जकड़े हुए है, यह उसने कभी हृदयंगम नहीं किया। भ्रम को उसने शत्रु के रूप में देखा। वह उससे प्रति-पद शंकित और संदिग्ध रहने लगी! उसकी स्वाभाविक सरलता, जो बनावटी भ्रम उत्पन्न कर दिया करती थी, और उसके अस्तित्व में सुन्दरता पालिश कर दिया करती थी, अब उससे बिछुड़ने लगी। वह एक बनावटी रूप और आवभगत को अपना आभरण समझने लगी।

मोहन, एक हृदय-हीन युवक उसे दिल्ली से ब्याह लाया था। उसकी स्वाभाविकता पर अपने आतंक से क्रूर शासन करके उसे आत्मचिन्ताशून्य पति-गत-प्राणा बनाने की उत्कट अभिलाषा से हृदय-हीन कल से चलती-फिरती हुई पुतली बना डाला और वह इसी में अपनी विजय और पौरुष की पराकाष्ठा समझने लगा था।

धीरे-धीरे अब मनोरमा में अपना निज का कुछ नहीं रहा। वह उसे एक प्रकार से भूल-सी गयी थी। दिल्ली के समीप का यमुना-तट का वह गाँव, जिसमें वह पली थी, बढ़ी थी, अब उसे कुछ विस्मृत-सा हो चला था। वह ब्याह करने के बाद द्विरागमन के अवसर पर जब से अपनी ससुराल आयी थी, वह एक अद्भुत दृश्य था। मनुष्य-समाज में पुरुषों के लिए वह कोई बड़ी बात न थी, किन्तु जब उन्हें घर छोड़कर कभी किसी काम में परदेश जाना पड़ता है, तभी उनको उस कथा के अधम अंश का आभास सूचित होता है। वह सेवा और स्नेहवृत्तिवाली स्त्रियाँ ही कर सकती हैं। जहाँ अपना कोई नहीं है, जिससे कभी की जान-पहचान नहीं, जिस स्थान पर केवल बधू-दर्शन का कुतूहल मात्र उसकी अभ्यर्थना करने वाला है, वहाँ वह रोते और सिसकते किसी साहस से आयी और किसी को अपने रूप से, किसी को विनय से, किसी को स्नेह से उसने वश करना आरम्भ किया। उसे सफलता भी मिली। जिस तरह एक महाउद्योगी किसी भारी अनुसन्धान के लिए अपने घर से अलग होकर अपने सहारे अपना साधन बनाता है, वा कथा-सरित्सागर के साहसिक लोग बैताल या विद्याधरत्त्व की सिद्धि के असम्भवनीय साहस का परिचय देते हैं, वह इन प्रतिदिन साहसकारिणी मनुष्य-जाति की किशोरियों के सामने क्या है, जिनकी बुद्धि और अवस्था कुछ भी इसके अनुकूल नहीं है।

हिन्द शास्त्रानुसार शूद्रा स्त्री मनोरमा ने आश्चर्यपूर्वक ससुराल में द्वितीय जन्म ग्रहण कर लिया। उसे द्विजन्मा कहने में कोई बाधा नहीं है।

१

मेला देखकर मोहन लौटा। उसकी अनुराग-लता, उसकी प्रगल्भा प्रेयसी ने उसका साथ नहीं दिया। सम्भवत: वह किसी विशेष आकर्षक पुरुष के साथ सहयोग करके चली गयी। मेला फीका हो गया। नदी के पुल पर एक पत्थर पर वह बैठ गया। अँधेरी रात धीरे-धीरे गम्भीर होती जा रही थी। कोलाहल, जनरव और रसीली तानें विरल हो चलीं। ज्यों-ज्यों एकान्त होने लगा, मोहन की आतुरता बढ़ने लगी। नदी-तट की शरद-रजनी में एकान्त, किसी की अपेक्षा करने लगा। उसका हृदय चञ्चल हो चला। मोहन ने सोचा, इस समय क्या करें? विनोदी हृदय उत्सुक हुआ। वह चाहे जो हो, किसी

की संगति को इस समय आवश्यक समझने लगा। प्यार न करने पर भी मनोरमा का ही ध्यान आया। समस्या हल होते देखकर वह घर की ओर चल पड़ा।

२

मनोरमा का त्योहार अभी बाकी था। नगर भर में एक नीरव अवसाद हो गया था; किन्तु मनोरमा के हृदय में कोलाहल हो रहा था। ऐसे त्योहार के दिन भी वह मोहन को न खिला सकी थी। लैम्प के मन्द प्रकाश में खिड़क़ी के जंगले के पास वह बैठी रही। विचारने को कुछ भी उसके पास न था। केवल स्वामी की आशा में दास के समान वह उत्कण्ठित बैठी थी। दरवाजा खटका, वह उठी, चतुरा दासी से भी अच्छी तरह उसने स्वामी की अभ्यर्थना, सेवा, आदर और सत्कार करने में अपने को लगा दिया। मोहन चुपचाप अपने ग्रासों के साथ वाग्युद्ध और दन्तघर्षण करने लगा। मनोरमा ने भूलकर भी यह न पूछा कि तुम इतनी देर कहाँ थे? क्यों नहीं आये? न वह रूठी, न वह ऐंठी, गुरुमान की कौन कहे, लघुमान का छींटा नहीं। मोहन को यह और असह्य हो गया। उसने समझा कि हम इस योग्य भी नहीं रहे कि कोई हमसे यह पूछे-"तुम कहाँ इतनी देर मरते थे?" पत्नी का अपमान उसे और यन्त्रणा देने लगा। वह भोजन करते-करते अकस्मात् रुक गया। मनोरमा ने पूछा-"क्या दूध ले आऊँ, अब और कुछ नहीं लीजियेगा?"

साधारण प्रश्न था। किन्तु मोहन को प्रतीत हुआ कि यह तो अतिथि की-सी अभ्यर्थना है, गृहस्थ की अपने घर की सी नहीं। वह चट बोल उठा-"नहीं, आज दूध न लूँगा।" किन्तु मनोरमा तो तब तक दूध का कटोरा लेकर सामने आ गई, बोली-"थोड़ा-सा लीजिए, अभी गरम है।"

मोहन बार-बार सोचता था कि कोई ऐसी बात निकले जिसमें मुझे कुछ करना पड़े और मनोरमा मानिनी बने, मैं उसे मनाऊँ, किन्तु मनोरमा में वह मिट्टी ही नहीं रही। मनोरमा तो कल की पुतली हो गयी थी। मोहन ने-'दूध अभी गरम है', इसी में से देर होने का व्यंग निकाल लिया और कहा-"हाँ, आज मेला देखने चला गया था, इसी में देर हुई।"

किन्तु वहाँ कैफियत तो कोई लेता न था, देने के लिए प्रस्तुत अवश्य था। मनोरमा ने कहा-"नहीं, अभी देर तो नहीं हुई। आध घण्टा हुआ होगा कि दूध उतारा गया है।"

मोहन हताश हो गया। चुपचाप पलँग पर जा लेटा। मनोरमा ने उधर ध्यान भी नहीं दिया। वह चतुरता से गृहस्थी की सारी वस्तुओं को समेटने लगी। थोड़ी देर में इससे निबटकर वह अपनी भूल समझ गयी। चट पान लगाने बैठ गयी। मोहन ने यह देखकर कहा-"नहीं, मैं पान इस समय न खाऊँगा।"

मनोरमा ने भयभीत स्वर से कहा-"बिखरी हुई चीजें इकट्ठी न कर लेती, बिल्ली-चूहे उसे खराब कर देते। थोड़ी देर हुई है, क्षमा कीजिए। दो पान तो अवश्य खा लीजिए।"

बाध्य होकर मोहन को दो पान खाना पड़ा। अब मनोरमा पैर दबाने बैठी। वेश्या से तिरस्कृत मोहन घबरा उठा। वह इस सेवा से कब छुट्टी पावे? इस सहयोग से क्या बस चले। उसने विचारा कि मनोरमा को मैंने ही तो ऐसा बनाना चाहा था। अब वह ऐसी हुई, तो मुझे अब विरक्ति क्यों है? इसके चरित्र का यह अंश क्यों नहीं रुचता-किसी ने उसके कान में धीरे से कहा-"तुम तो अपनी स्त्री को अपनी दासी बनाना चाहते थे, जो वास्तव में तुम्हारी अन्तरात्मा को ईप्सित नहीं था। तुम्हारी कुप्रवृत्तियों की वह उत्तेजना थी कि वह तुम्हारी चिर-संगिनी न होकर दासी के समान आज्ञाकारिणी मात्र रहे। वही हुआ। अब क्यों झंखते हो!"

अकस्मात् मोहन उठ बैठा। मोहन और मनोरमा एक-दूसरे के पैर पकड़े हुए थे।

पत्थर की पुकार

१

नवल और विमल दोनों बात करते हुए टहल रहे थे। विमल ने कहा- "साहित्य-सेवा भी एक व्यसन है।"

"नहीं मित्र! यह तो विश्व भर की एक मौन सेवा-समिति का सदस्य होना है।"

"अच्छा तो फिर बताओ, तुमको क्या भला लगता है? कैसा साहित्य रुचता है?"

"अतीत और करुणा का जो अंश साहित्य में हो, वह मेरे हृदय को आकर्षित करता है।"

नवल की गम्भीर हँसी कुछ तरल हो गयी। उन्होंने कहा-"इससे विशेष और हम भारतीयों के पास धरा क्या है! स्तुत्य अतीत की घोषणा और वर्तमान की करुणा, इसी का गान हमें आता है। बस, यह भी एक भाँग-गाँजे की तरह नशा है।" विमल का हृदय स्तब्ध हो गया। चिर प्रसन्न-वदन मित्र को अपनी भावना पर इतना कठोर आघात करते हुए कभी भी उसने नहीं देखा था। वह कुछ विरक्त हो गया। मित्र ने कहा-"कहाँ चलोगे?" उसने कहा-"चलो, मैं थोड़ा घूम कर गंगा-तट पर मिलूँगा।" नवल भी एक ओर चला गया।

२

चिन्ता में मग्न विमल एक ओर चला। नगर के एक सूने मुहल्ले की ओर जा निकला। एक टूटी चारपाई अपने फूटे झिलँगे में लिपटी पड़ी है। उसी के बगल में दीन कुटी फूस से ढँकी हुई, अपना दरिद्र मुख भिक्षा के लिए खोले हुए बैठी है। दो-एक ढाँकी और हथौड़े, पानी की प्याली, कूची, दो काले शिलाखण्ड परिचारक की तरह उस दीन कुटी को घेरे पड़े हैं। किसी को न देखकर एक शिलाखण्ड पर न जाने किसके कहने से विमल बैठ गया। यह चुपचाप था। विदित हुआ कि दूसरा पत्थर कुछ धीरे-धीरे कह रहा है। वह सुनने लगा- "मैं अपने सुखद शैल में संलग्न था। शिल्पी! तूने मुझे क्यों ला पटका? यहाँ तो मानव की हिंसा का गर्जन मेरे कठोर वक्षःस्थल का भेदन कर रहा है। मैं तेरे प्रलोभन में पड़ कर यहाँ चला आया था, कुछ तेरे बाहुबल से नहीं, क्योंकि मेरी प्रबल कामना थी कि मैं एक सुन्दर मूर्ति में परिणत हो जाऊँ। उसके लिए अपने वक्षःस्थल को क्षत-विक्षत कराने को प्रस्तुत था। तेरी टाँकी से हृदय चिराने में प्रसन्न था! कि कभी मेरी इस सहनशीलता का पुरस्कार, सराहना के रूप में मिलेगा और मेरी मौन मूर्ति अनन्तकाल तक उस सराहना को चुपचाप गर्व से स्वीकार करती रहेगी। किन्तु निष्ठर! तूने अपने द्वार पर मुझे फूटे हुए ठीकरे की तरह ला पटका। अब मैं यहीं पर पड़ा-पड़ा कब तक अपने भविष्य की गणना करूँगा?"

पत्थर की करुणामयी पुकार से विमल को क्रोध का सञ्चार हुआ। और वास्तव में इस पुकार में अतीत और करुणा दोनों का मिश्रण था, जो कि उसके चित्त का सरल विनोद था। विमल भावप्रवण होकर रोष से गर्जन करता हुआ पत्थर की ओर से अनुरोध करने को शिल्पी के दरिद्र कुटीर में घुस पड़ा।

"क्यों जी, तुमने इस पत्थर को कितने दिनों से यहाँ ला रक्खा है? भला वह भी अपने मन में क्या समझता होगा? सुस्त होकर पड़े हो, उसकी कोई सुन्दर मूर्ति क्यों न बना डाली?" विमल ने रुक्ष स्वर में कहा।

पुरानी गुदड़ी में ढँकी हुई जीर्ण-शीर्ण मूर्ति खाँसी से कँप कर बोली-"बाबू जी! आपने तो मुझे कोई आज्ञा नहीं दी थी।"

"अजी तुम बना लिये होते, फिर कोई-न-कोई तो इसे ले लेता। भला देखो तो यह पत्थर कितने दिनों से पड़ा तुम्हारे नाम को रो रहा है।"-विमल ने कहा। शिल्पी ने कफ निकाल कर गला साफ करते हुए कहा-"आप लोग अमीर आदमी है। अपने कोमल श्रवणेन्द्रियों से पत्थर का रोना, लहरों का संगीत, पवन की हँसी इत्यादि कितनी सूक्ष्म बातें सुन लेते हैं, और उसकी पुकार में दत्तचित्त हो जाते हैं। करुणा से पुलकित होते हैं, किन्तु क्या कभी दुखी हृदय के नीरव क्रन्दन को भी अन्तरात्मा की श्रवणेन्द्रियों को सुनने देते हैं, जो करुणा का काल्पनिक नहीं, किन्तु वास्तविक रूप है?"

विमल के अतीत और करुणा-सम्बन्धी समस्त सद्भाव कठोर कर्मण्यता का आवाहन करने के लिए उसी से विद्रोह करने लगे। वह स्तब्ध होकर उसी मलिन भूमि पर बैठ गया।

उस पार का योगी

सामने सन्ध्या-धूसरति जल की एक चादर बिछी है। उसके बाद बालू की बेला है, उसमें अठखेलियाँ करके लहरों ने सीढ़ी बना दी है। कौतुक यह है कि उस पर भी हरी-हरी दूब जम गयी है। उस बालू की सीढ़ी की ऊपरी तह पर जाने कब से एक शिला पड़ी है। कई वर्षाओं ने उसे अपने पेट में पचाना चाहा, पर वह कठोर शिला गल न सकी, फिर भी निकल ही आती थी। नन्दलाल उसे अपने शैशव से ही देखता था। छोटी-सी नदी, जो उसके गाँव से सटकर बहती थी, उसी के किनारे वह अपनी सितारी लेकर पश्चिम की धूसर आभा में नित्य जाकर बैठ जाता। जिस रात को चाँदनी निकल आती, उसमें देर तक और अँधेरी रात के प्रदोष में जब तक अन्धकार नहीं हो जाता था, बैठकर सितारी बजाता अपनी टपरियों में चला जाता था।

नन्दलाल अँधेरे में डरता न था। किन्तु चन्द्रिका में देर तक किसी अस्पष्ट छाया को देख सकता था। इसलिए, आज भी उसी शिला पर वह मूर्ति बैठी है। गैरिक वसन की आभा सान्ध्य-सूर्य से रञ्जित नभ से होड़ कर रही है। दो-चार लटें इधर-उधर मांसल अंश पर वन के साथ खेल रही हैं। नदी के किनारे प्रायः पवन का बसेरा रहता है, इसी से यह सुविधा है। जब से शैशव-सहचरी नलिनी से नन्दलाल का वियोग हुआ है, वह अपनी सितारी से ही मन बहलाता है, सो भी एकान्त में; क्योंकि नलिनी से भी वह किसी के सामने मिलने पर सुख नहीं पाता था। किन्तु हाय रे सुख! उत्तेजनामय आनन्द को अनुभव करने के लिए एक साक्षी भी चाहिए। बिना किसी दूसरे को अपना सुख दिखाए हृदय भली-भाँति से गर्व का अनुभव नहीं कर पाता। चन्द्र-किरण, नदी-तरंग, मलय-हिल्लोल, कुसुम-सुरभि और रसाल-वृक्ष के साथ ही नन्दलाल को यह भी विश्वास था। कि उस पार का योगी भी कभी-कभी उस सितारी की मीड़ से मरोड़ खाता है। लटें उसके कपोल पर ताल देने लगती हैं।

चाँदनी निखरी थी। आज अपनी सितारी के साथ नन्दलाल भी गाने लगा था। वह प्रणय-संगीत था-भावुकता और काल्पनिक प्रेम का सम्भार बड़े वेग से उच्छ्वसित हुआ। अन्तःकरण से दबी हुई तरलवृत्ति, जो विस्मृत स्वप्न के समान हलका प्रकाश देती थी, आज न जाने क्यों गैरिक निर्झर की तरह उबल पड़ी। जो वस्तु आज तक मैत्री का सुख-चिह्न थी-जो सरल हृदय का उपहार थी-जो उदारता की कृतज्ञता थी-उसने ज्वाला, लालसापूर्ण प्रेम का रूप धारण किया। संगीत चलने लगा।

"अरे कौन है.....मुझे बचाओ.....आह.....", पवन ने उपयुक्त दूत की तरह यह सन्देश नन्दलाल के कानों तक पहुँचाया। वह व्याकुल होकर सितारी छोड़ कर दौड़ा। नदी में फाँद पड़ा। उसके कानों में नलिनी का सा स्वर सुनाई पड़ा। नदी छोटी थी-खरस्रोता थी। नन्दलाल हाथ मारता हुआ लहरों को चीर रहा था। उसके बाहु-पाश में एक सुकुमार शरीर आ गया।

चन्द्रकिरणों और लहरियों को बातचीत करने का एक आधार मिला। लहरी कहने लगी-"अभागे! तू इस दुखिया नलिनी को बचाने क्यों आया, इसने तो आज अपने समस्त दुःखों का अन्त कर दिया था।"

किरण-"क्यों जी, तुम लोगों ने नन्दलाल को बहुत दिन तक बीच में बहा कर हल्ला-गुल्ला मचाकर, बचाया था।"

लहरी-"और तुम्हीं तो प्रकाश डालकर उसे सचेत कराती रही हो।"

किरण-"आज तक उस बेचारे को अँधेरे में रक्खा था। केवल आलोक की कल्पना करके वह अपने आलेख्य पट को उद्भासित कर लेता था। उस पार का योगी सुदूरवर्ती परदेशी की रम्य स्मृति को शान्त तपोवन का दृश्य था।"

लहरी-"पगली! सुख-स्वप्न के सदृश और आशा में आनन्द के समान मैं बीच में पड़ी-पड़ी उसके सरल नेह का बहुत दिनों तक सञ्चय करती रही-आन्तरिक आकर्षणपूर्ण सम्मिलन होने पर भी, वासना-रहित निष्काम सौन्दर्यमय व्यवधान बन कर मैं दोनों के बीच में बहती थी; किन्तु नन्दलाल इतने में सन्तुष्ट न हो सका। उछल-कूद कर हाथ चलाकर मुझे भी गँदला कर दिया। उसे बहने, डूबने और उतराने का आवेश बढ़ गया था।"

किरण-"हूँ, तब डूबें बहें।"

पवन चुपचाप इन बातों को सुन कर नदी के बहाव की ओर सर्राटा मार कर सन्देशा कहने को भगा। किन्तु वे दूर निकल गये थे। सितारी मूर्च्छना में पड़ी रही।

करुणा की विजय

१

सन्ध्या की दीनता गोधूली के साथ दरिद्र मोहन की रिक्त थाली में धूल भर रही है। नगरोपकण्ठ में एक कुएँ के समीप बैठा हुआ अपनी छोटी बहन को वह समझा रहा है। फटे हुए कुरते की कोर से उसके अश्रु पोंछने में वह सफल नहीं हो रहा था, क्योंकि कपड़े के सूत से अश्रु विशेष थे। थोड़ा-सा चना, जो उसके पात्र में बेचने का बचा था, उसी को रामकली माँगती थी। तीन वर्ष की रामकली को तेरह वर्ष का मोहन सँभालने में असमर्थ था।

ढाई पैसे का वह बेच चुका है। अभी दो-तीन पैसे का चना जो जल और मिर्चें में उबाला हुआ था, और बचा है। मोहन चाहता था कि चार पैसे उसके रोकड़ में और बचे रहें, डेढ़-दो पैसे का कुछ लेकर अपना और रामकली का पेट भर लेगा। चार पैसे से सबेरे चने उबाल कर फिर अपनी दूकान लगा लेगा। किन्तु विधाता को यह नहीं स्वीकार था। जब से उसके माता-पिता मरे, साल भर से वह इसी तरह अपना जीवन निर्वाह करता था। किसी सम्बन्धी या सज्जन की दृष्टि उसकी ओर न पड़ी। मोहन अभिमानी था। वह धुन का भी पक्का था। किन्तु आज वह विचलित हुआ। रामकली की कौन कहे, वह भी भूख की ज्वाला सहन न कर सका। अपने अदृष्ट के सामने हार मानकर रामकली को उसने खिलाया। बचा हुआ जो था, उसने मोहन के पेट की गरमी और बढ़ा दी। ढाई पैसे का और भी कुछ लाकर अपनी भूख मिटायी। दोनों कुएँ की जगत् पर सो गये।

२

दरिद्रता और करुणा से झगड़ा चल पड़ा। दरिद्रता बोली-"देखो जी, मेरा कैसा प्रभाव है।" करुणा ने कहा-"मेरा सर्वत्र राज्य है। तुम्हारा विद्रोह सफल न होगा।" दरिद्रता ने कहा-"गिरती हुई बालू की दीवार कहकर नहीं गिरती। तुम्हारा काल्पनिक क्षेत्र नीहार की वर्षा से कब तक सिञ्चा रहेगा?" अभिमान अभी तक चुप बैठा रहा, किन्तु उससे नहीं रहा गया। कहा-"मैं भी किसी दल में घुस कर देखूँगा कि कौन जीतता है।" दोनों ने पूछा कि तुम किसका साथ दोगे? अभिमान ने कहा- "जिधर की जीत देखूँगा।"

करुणा ने विश्रान्त बालकों को सुख देने का विचार किया। मलय हिल्लोल की थपकी देकर सुला देना चाहा। दरिद्रता ने दिन भर की जमी हुई गर्द कदम्ब के पत्तों पर से खिसका दी। बालकों के सरल मुख ने धूल पड़ने से कुछ विकृत रूप धारण किया। दरिद्रता ने स्वप्न में भयानक रूप धारण करके उन्हें दर्शन दिया। मोहन का शरीर काँपने लगा। दूर से देखती हुई करुणा भी कँप उठी। अकस्मात् मोहन उठा और झोंक से बोला-"भीख न माँगूँगा, मरूँगा।"

एक क्रन्दन और धमाका। रामकली को कुएँ ने अपनी शीतल गोद में ले लिया। डाल पर से दरिद्रता के अट्टहास की तरह उल्लू बोल उठा। उसी समय बँगले पर मेंहदी की टट्टी से घिरे हुए चबूतरे पर आसमानी पंखे के नीचे मसहरी में से नगर-पिता दण्डनायक चिल्ला उठे-"पंखा खींचो।"

-- --

प्रसन्न-वदन न्यायाधीश ने एक स्थिर दृष्टि से देखते हुए अपराधी मोहन से कहा-"बालक, तुमने अपराध स्वीकार करते हुए कि रामकली अपनी बहिन की हत्या तुम्हीं ने की है, मृत्युदण्ड चाहा है। किन्तु न्याय अपराध का कारण ढूँढ़ता है। सिर काटती है तलवार, किन्तु वही सिर काटने के अपराध में नहीं तोड़ी जाती है। निर्बोध बालक, तुम्हारा कुछ भी अभी कर्तृत्व नहीं है। तुमने यदि यह हत्या की भी हो, तो तुम केवल हत्यारी के अस्त्र थे। नगर के व्यवस्थापक पर इसका दायित्व है कि तीन वर्ष की रामकली तुम्हारे हाथ में क्यों दी गयी! यदि कोई उत्तराधिकारी-विहीन धनी मर जाता, तो व्यवस्थापक नगर-पिता उसके धन को अपने कोष में रखवा लेते। यदि निर्बोध उत्तराधिकारी रहता, तो उसकी सम्पत्ति सुरक्षित करने की वह व्यवस्था करते। किन्तु असहाय, निर्धन और अभिमानी तथा निर्बोध बालक के हाथ में शिशु का भार रख देना राष्ट्र के शुभ उद्देश्य की गुप्त रीति से और शिशु की प्रकट हत्या करना है। तुम इसके अपराधी नहीं हो। तुम मुक्त हो।"

करुणा रोते हुए हँस पड़ी। अपनी विजय की वर्षा मोहन के अभिमान के अश्रु बनकर रने लगी।

खंडहर की लिपि

जब बसन्त की पहली लहर अपना पीला रंग सीमा के खेतों पर चढ़ा लायी, काली कोयल ने उसे बरजना आरम्भ किया और भौंरे गुनगुना कर काना-फूँसी करने लगे, उसी समय एक समाधि के पास लगे हुए गुलाब ने मुँह खोलने का उपक्रम किया। किन्तु किसी युवक के चञ्चल हाथ ने उसका हौसला भी तोड़ दिया। दक्षिण पवन ने उससे कुछ झटक लेना चाहा, बिचारे की पंखुड़ियाँ झड़ गयीं। युवक ने इधर-उधर देखा। एक उदासी और अभिलाषामयी शून्यता ने उसकी प्रत्याशी दृष्टि को कुछ उत्तर न दिया। बसन्त-पवन का एक भारी झोंका "हा-हा" करता उसकी हँसी उड़ाता चला गया।

सटी हुई टेकरी की टूटी-फूटी सीढ़ी पर युवक चढ़ने लगा। पचास सीढ़ियाँ चढ़ने के बाद वह बगल की बहुत पुरानी दालान में विश्राम लेने के लिए ठहर गया। ऊपर जो जीर्ण मन्दिर था, उसका ध्वंसावशेष देखने को वह बार-बार जाता था। उस भग्न स्तूप से युवक को आमन्त्रित करती हुई 'आओ आओ' की अपरिस्फुट पुकार बुलाया करती। जाने कब के अतीत ने उसे स्मरण कर रक्खा है। मण्डप के भग्न कोण में एक पत्थर के ऊपर न जाने कौन-सी लिपि थी, जो किसी कोरदार पत्थर में लिखी गयी थी। वह नागरी तो कदापि नहीं थी। युवक ने आज फिर उसी ओर देखते-देखते उसे पढ़ना चाहा। बहुत देर तक घूमता-घूमता वह थक गया था, इससे उसे निद्रा आने लगी। वह स्वप्न देखने लगा।

कमलों का कमनीय विकास झील की शोभा को द्विगुणित कर रहा है। उसके आमोद के साथ वीणा की झनकार, झील के स्पर्श के शीतल और सुरभित पवन में भर रही थी। सुदूर प्रतीचि में एक सहस्रदल स्वर्ण-कमल अपनी शेष स्वर्ण-किरण की भी मृणाल पर व्योम-निधि में खिल रहा है। वह लज्जित होना चाहता है। वीणा के तारों पर उसकी अन्तिम आभा की चमक पड़ रही है। एक आनन्दपूर्ण विषाद से युवक अपनी चञ्चल अँगुलियों को नचा रहा है। एक दासी स्वर्णपात्र में केसर, अगुरु, चन्दन-मिश्रित अंगराग और नवमल्लिका की माला, कई ताम्बूल लिये हुए आयी, प्रणाम करके उसने कहा-"महाश्रेष्ठि धनमित्र की कन्या ने श्रीमान् के लिए उपहार भेजकर प्रार्थना की है कि आज के उद्यान गोष्ठ में आप अवश्य पधारने की कृपा करें। आनन्द विहार के समीप उपवन में आपकी प्रतीक्षा करती हुई कामिनी देवी बहुत देर तक रहेंगी।"

युवक ने विरक्त होकर कहा-"अभी कई दिन हुए हैं, मैं सिंहल से आ रहा हूँ, मेरा पोत समुद्र में डूब गया है। मैं ही किसी तरह बचा हूँ। अपनी स्वामिनी से कह देना कि मेरी अभी ऐसी अवस्था नहीं है कि मैं उपवन के आनन्द का उपभोग कर सकूँ।"

"तो प्रभु, क्या मैं यही उत्तर दे दूँ? "दासी ने कहा।

"हाँ, और यह भी कह देना कि-तुम सरीखी अविश्वासिनी स्त्रियों से मैं और भी दूर भागना चाहता हूँ, जो प्रलय के समुद्र की प्रचण्ड आँधी में एक जर्जर पोत से भी दुर्बल और उस डुबा देनेवाली लहर से भी भयानक है।" युवक ने अपनी वीणा सँवारते हुए कहा।

"वे उस उपवन में कभी की जा चुकी हैं, और हमसे यह भी कहा है कि यदि वे गोष्ठ में न आना चाहें, तो स्तूप की सीढ़ी के विश्राम-मण्डप में मुझसे एक बार अवश्य मिल लें, मैं निर्दोष हूँ।" दासी ने सविनय कहा।

युवा ने रोष-भरी दृष्टि से देखा। दासी प्रणाम करके चली गयी। सामने का एक कमल सन्ध्या के प्रभाव से कुम्हला रहा था। युवक को प्रतीत हुआ कि वह धनमित्र की कन्या का मुख है। उससे मकरन्द नहीं, अश्रु गिर रहे हैं। 'मैं निर्दोष हूँ', यही भौंरे भी गूँजकर कह रहे हैं।

युवक ने स्वप्न में चौंककर कहा-"मैं आऊँगा।" आँख न खोलने पर भी उसने उस जीर्ण दालान की लिपि पढ़ ली-"निष्ठर! अन्त को तुम नहीं आये।" युवक सचेत होकर उठने को था कि वह कई सौ बरस की पुरानी छत धम से गिरी।

वायुमण्डल में-"आओ-आओ" का शब्द गूँजने लगा।

कलावती की शिक्षा

श्यामसुन्दर ने विरक्त होकर कहा-""कला! यह मुझे नहीं अच्छा लगता।"" कलावती ने लैम्प की बत्ती कम करते हुए सिर झुकाकर तिरछी चितवन से देखते हुए कहा-""फिर मुझे भी सोने के समय यह रोशनी अच्छी नहीं लगती।""

श्यामसुन्दर ने कहा-"तुम्हारा पलँग तो इस रोशनी से बचा है। तुम जाकर सो रहो।" और तुम रात भर यों ही जागते रहोगे।" अब की धीरे से कलावती ने हाथ से पुस्तक भी खींच ली। श्यामसुन्दर को इस स्नेह में भी क्रोध आ गया। तिनक गये-"तुम पढ़ने का सुख नहीं जानती, इसलिए तुमको समझाना ही मूर्खता है।" कलावती ने प्रगल्भ होकर कहा-"मूर्ख बनकर थोड़ा समझा दो।"

श्यामसुन्दर भड़क उठे, उनकी शिक्षिता उपन्यास की नायिका उसी अध्याय में अपने प्रणयी के सामने आयी थी- वह आगे बातचीत करती; उसी समय ऐसा व्याघात। 'स्त्रीणामाद्य प्रणय-वचनं' कालिदास ने भी इसे नहीं छोड़ा था। कैसा अमूल्य पदार्थ! अशिक्षिता कलावती ने वहीं रस भंग किया। बिगड़कर बोले-"वह तुम इस जन्म में नहीं समझोगी।"

कलावती ने और भी हँसकर कहा-"देखो, उस जन्म में भी ऐसा बहाना न करना।"

पुष्पाधार में धरे हुए नरगिस के गुच्छे ने अपनी एकटक देखती हुई आँखों से चुपचाप यह दृश्य देखा और वह कालिदास के तात्पर्य को बिगाड़ते हुए श्यामसुन्दर की धृष्टता न सहन कर सका, और शेष 'विभ्रमोहि प्रियेषु' का पाठ हिलकर करने लगा।

-- --

श्यामसुन्दर ने लैम्प की बत्ती चढ़ायी, फिर अध्ययन आरम्भ हुआ। कलावती अब की अपने पलँग पर जा बैठी। डब्बा खोलकर पान लगाया, दो खीली लेकर फिर श्यामसुन्दर के पास आयी। श्याम ने कहा-"रख दो।" खीलीवाला हाथ मुँह की ओर बढ़ा, कुछ मुख भी बढ़ा, पान उसमें चला गया। कलावती फिर लौटी ओर एक चीनी की पुतली लेकर उसे पढ़ाने बैठी-"देखो, मैं तुम्हें दो-चार बातें सिखाती हूँ, उन्हें अच्छी तरह रट लेना। लज्जा कभी न करना, यह पुरुषों की चालाकी है, जो उन्होंने इसे स्त्रियों के हिस्से कर दिया है। यह दूसरे शब्दों में एक प्रकार का भ्रम है, इसलिए तुम भी ऐसा रूप धारण करना कि पुरुष, जो बाहर से अनुकम्पा करते हुए तुमसे भीतर-भीतर घृणा करते हैं, वह भी तुमसे भयभीत रहें, तुम्हारे पास आने का साहस न करें। और कृतज्ञ होना दासत्व है। चतुरों ने अपना कार्य-साधन करने का अस्त्र इसे बनाया है। इसीलिए इसकी ऐसी प्रशंसा की है कि लोग इसकी ओर आकर्षित हो जाते हैं। किन्तु है यह दासत्व। यह शरीर का नहीं, किन्तु अन्तरात्मा का दासत्व है। इस कारण कभी-कभी लोग बुरी बातों का भी समर्थन करते हैं। प्रगल्भता, जो आजकल बड़ी बाढ़ पर है, बड़ी अच्छी वस्तु है। उसके बल से मूर्ख भी पण्डित समझे जाते हैं। उसका अच्छा अभ्यास करना, जिसमें तुमको कोई मूर्ख न कह सके, कहने का साहस ही न हो। पुतली! तुमने रूप का परिवर्तन भी छोड़ दिया है, यह और भी बुरा है। सोने के कोर की साड़ी तुम्हारे मस्तक को अभी भी ढँके हैं, तनिक इसे खिसका दो। बालों को लहरा दो। लोग लगें पैर चूमने, प्यारी पुतली! समझी न?"

श्यामसुन्दर के उपन्यास की नायिका भी अपने नायक के गले लग गयी थी, प्रसन्नता से उसका

मुख-मण्डल चमकने लगा। वह अपना आनन्द छिपा नहीं सकता था। पुतली की शिक्षा उसने सुनी कि नहीं, हम नहीं कह सकते, किन्तु वह हँसने लगा। कलावती को क्या सूझा, लो वह तो सचमुच उसके गले लगी हुई थी। अध्याय समाप्त हुआ। पुतली को अपना पाठ याद रहा कि नहीं, लैम्प के धीमे प्रकाश में कुछ समझ न पड़ा।

चक्रवर्ती का स्तम्भ

"बाबा यह कैसे बना? इसको किसने बनाया? इस पर क्या लिखा है?" सरला ने कई सवाल किये। बूढ़ा धर्मरक्षित, भेड़ों के झुण्ड को चरते हुए देख रहा था। हरी टेकरी झारल के किनारे सन्ध्या के आपत की चादर ओढ़ कर नया रंग बदल रही थी। भेड़ों की मण्डली उस पर धीरे-धीरे चरती हुई उतरने-चढ़ने में कई रेखा बना रही थी।

अब की ध्यान आकर्षित करने के लिए सरला ने धर्मरक्षित का हाथ खींचकर उस स्तम्भ को दिखलाया। धर्मरक्षित ने निश्वास लेकर कहा-"बेटी, महाराज चक्रवर्ती अशोक ने इसे कब बनाया था। इस पर शील और धर्म की आज्ञा खुदी है। चक्रवर्ती देवप्रिय ने यह नहीं विचार किया कि ये आज्ञाएँ बक-बक मानी जायेँगी। धर्मोन्मत्त लोगों ने इस स्थान को ध्वस्त कर डाला। अब विहार में डर से कोई-कोई भिक्षुक भी कभी दिखाई पड़ता है।"

वृद्ध यह कहकर उद्विग्न होकर कृष्ण सन्ध्या का आगमन देखने लगा। सरला उसी के बगल में बैठ गयी। स्तम्भ के ऊपर बैठा हुआ आज्ञा का रक्षक सिंह धीरे-धीरे अन्धकार में विलीन हो गया।

थोड़ी देर में एक धर्मशील कुटुम्ब उसी स्थान पर आया। जीर्ण स्तूप पर देखते-देखते दीपावली हो गयी। गन्ध-कुसुम से वह स्तूप अर्चित हुआ। अगुरु की गन्ध, कुसुम-सौरभ तथा दीपमाला से वह जीर्ण स्थान एक बार आलोकपूर्ण हो गया। सरला का मन उस दृश्य से पुलकित हो उठा। वह बार-बार वृद्ध को दिखाने लगी, धार्मिक वृद्ध की आँखों में उस भक्तिमयी अर्चना से जल-बिन्द दिखाई देने लगे। उपासकों में मिलकर धर्मरक्षित और सरला ने भी भरे हुए हृदय से उस स्तूप को भगवान् के उद्देश्य से नमस्कार किया।

-- --

टापों के शब्द वहाँ से सुनाई पड़ रहे हैं। समस्त भक्ति के स्थान पर भय ने अधिकार कर लिया। सब चकित होकर देखने लगे। उल्काधारी अश्वारोही और हाथों में नंगी तलवार! आकाश के तारों ने भी भय से मुँह छिपा लिया। मेघ-मण्डली रो-रो कर मना करने लगी, किन्तु निष्ठर सैनिकों ने कुछ न सुना। तोड़-ताड़, लूट-पाट करके सब पुजारियों को, 'बुतपरस्तों' को बाँध कर उनके धर्म-विरोध का दण्ड देने के लिए ले चले। सरला भी उन्हीं में थी।

धर्मरक्षित ने कहा-"सैनिकों, तुम्हारा भी कोई धर्म है?"

एक ने कहा-"सर्वोत्तम इस्लाम धर्म।"

धर्मरक्षित-"क्या उसमें दया की आज्ञा नहीं है?" उत्तर न मिला।

धर्मरक्षित-"क्या जिस धर्म में दया नहीं है, उसे भी तुम धर्म कहोगे?"

एक दूसरा-"है क्यों नहीं? दया करना हमारे धर्म में भी है। पैगम्बर का हुक्म है, तुम बूढ़े हो, तुम पर दया की जा सकती है। छोड़ दो जी, उसको।" बूढ़ा छोड़ दिया गया।

धर्मरक्षित-"मुझे चाहे बाँध लो, किन्तु इन सबों को छोड़ दो। वह भी सम्राट् था, जिसने इस स्तम्भ पर समस्त जीवों के प्रति दया करने की आज्ञा खुदवा दी है। क्या तुम भी देश विजय करके सम्राट्

हुआ चाहते हो? तब दया क्यों नहीं करते?"

एक बोल उठा-"क्या पागल बूढ़े से बक-बक कर रहे हो? कोई ऐसी फिक्र करो कि यह किसी बुत की परस्तिश का ऊँचा मीनार तोड़ा जाय।"

सरला ने कहा-"बाबा, हमको यह सब लिये जा रहे हैं।"

धर्मरक्षित-"बेटी, असहाय हूँ, वृद्ध बाँहों में बल भी नहीं है, भगवान् की करुणा का स्मरण कर। उन्होंने स्वयं कहा है कि-"संयोग: विप्रयोगन्ता:।"

निष्ठर लोग हिंसा के लिए परिक्रमण करने लगे। किन्तु पत्थरों में चिल्लाने की शक्ति नहीं है कि उसे सुनकर वे क्रूर आत्माएँ तुष्ट हों। उन्हें नीरव रोने में भी असमर्थ देखकर मेघ बरसने लगे। चपला चमकने लगी। भीषण गर्जन होने लगा। छिपने के लिए वे निष्ठर भी स्थान खोजने लगे। अकस्मात् एक भीषण गर्जन और तीव्र आलोक, साथ ही धमाका हुआ।

चक्रवर्ती का स्तम्भ अपने सामने यह दृश्य न देख सका। अशनिपात से खण्ड-खण्ड होकर गिर पड़ा। कोई किसी का बन्दी न रहा।

दुखिया

१

पहाड़ी देहात, जंगल के किनारे के गाँव और बरसात का समय! वह भी ऊषाकाल! बड़ा ही मनोरम दृश्य था। रात की वर्षा से आम के वृक्ष तराबोर थे। अभी पत्तों से पानी ढुलक रहा था। प्रभात के स्पष्ट होने पर भी धुँधले प्रकाश में सड़क के किनारे आम्रवृक्ष के नीचे बालिका कुछ देख रही थी। 'टप' से शब्द हुआ, बालिका उछल पड़ी, गिरा हुआ आम उठाकर अञ्चल में रख लिया। (जो पाकेट की तरह खोंस कर बना हुआ था।)

दक्षिण पवन ने अनजान में फल से लदी हुई डालियों से अठखेलियाँ कीं। उसका सञ्चित धन अस्त-व्यस्त हो गया। दो-चार गिर पड़े। बालिका ऊषा की किरणों के समान ही खिल पड़ी। उसका अञ्चल भर उठा। फिर भी आशा में खड़ी रही। व्यर्थ प्रयास जान कर लौटी, और अपनी झोंपड़ी की ओर चल पड़ी। फूस की झोंपड़ी में बैठा हुआ उसका अन्धा बूढ़ा बाप अपनी फूटी हुई चिलम सुलगा रहा था। दुखिया ने आते ही आँचल से सात आमों में से पाँच निकाल कर बाप के हाथ में रख दिये। और स्वयं बरतन माँजने के लिए 'डबरे' की ओर चल पड़ी।

बरतनों का विवरण सुनिए, एक फूटी बटुली, एक लोंहदी और लोटा, यही उस दीन परिवार का उपकरण था। डबरे के किनारे छोटी-सी शिला पर अपने फटे हुए वस्त्र सँभाले हुए बैठकर दुखिया ने बरतन मलना आरम्भ किया।

२

अपने पीसे हुए बाजरे के आटे की रोटी पकाकर दुखिया ने बूढ़े बाप को खिलाया और स्वयं बचा हुआ खा-पीकर पास ही के महुए के वृक्ष की फैली जड़ों पर सिर रख कर लेट रही। कुछ गुनगुनाने लगी। दुपहरी ढल गयी। अब दुखिया उठी और खुरपी-जाला लेकर घास छीलने चली। जमींदार के घोड़े के लिए घास वह रोज दे आती थी, कठिन परिश्रम से उसने अपने काम भर घास कर लिया, फिर उसे डबरे में रख कर धोने लगी।

सूर्य की सुनहली किरणें बरसाती आकाश पर नवीन चित्रकार की तरह कई प्रकार के रंग लगाना सीखने लगीं। अमराई और ताड़-वृक्षों की छाया उस शाद्वल जल में पड़कर प्राकृतिक चित्र का सृजन करने लगी। दुखिया को विलम्ब हुआ, किन्तु अभी उसकी घास धो नहीं गयी, उसे जैसे इसकी कुछ परवाह न थी। इसी समय घोड़े की टापों के शब्द ने उसकी एकाग्रता को भंग किया।

जमींदार कुमार सन्ध्या को हवा खाने के लिए निकले थे। वेगवान 'बालोतरा' जाति का कुम्मेद पचकल्यान आज गरम हो गया था। मोहनसिंह से बेकाबू होकर वह बगटूट भाग रहा था। संयोग! जहाँ पर दुखिया बैठी थी, उसी के समीप ठोकर लेकर घोड़ा गिरा। मोहनसिंह भी बुरी तरह घायल होकर गिरे। दुखिया ने मोहनसिंह की सहायता की। डबरे से जल लाकर घावों को धोने लगी। मोहन ने पट्टी बाँधी, घोड़ा भी उठकर शान्त खड़ा हुआ। दुखिया जो उसे टहलाने लगी थी। मोहन ने कृतज्ञता की दृष्टि से दुखिया को देखा, वह एक सुशिक्षित युवक था। उसने दरिद्र दुखिया को उसकी सहायता के

बदले ही रुपया देना चाहा। दुखिया ने हाथ जोड़कर कहा-"बाबू जी , हम तो आप ही के गुलाम हैं। इसी घोड़े को घास देने से हमारी रोटी चलती है।"

अब मोहन ने दुखिया को पहिचाना। उसने पूछा- "क्या तुम रामगुलाम की लडक़ी हो?"

"हाँ, बाबूजी।"

"वह बहुत दिनों से दिखता नहीं!"

"बाबू जी, उनकी आँखों से दिखाई नहीं पड़ता।"

"अहा, हमारे लड़कपन में वह हमारे घोड़े को, जब हम उस पर बैठते थे, पकड़कर टहलाता था। वह कहाँ है?"

"अपनी मड़ई में।"

"चलो, हम वहाँ तक चलेंगे।"

किशोरी दुखिया को कौन जाने क्यों संकोच हुआ, उसने कहा- "बाबूजी, घास पहुँचाने में देर हुई है। सरकार बिगड़ेंगे।"

"कुछ चिन्ता नहीं; तुम चलो।"

लाचार होकर दुखिया घास का बोझा सिर पर रखे हुए झोंपड़ी की ओर चल पड़ी। घोड़े पर मोहन पीछे-पीछे था।

३

"रामगुलाम, तुम अच्छे तो हो?"

"राज! सरकार! जुग-जुग जीओ बाबू!" बूढ़े ने बिना देखे अपनी टूटी चारपाई से उठते हुए दोनों हाथ अपने सिर तक ले जाकर कहा।

"रामगुलाम, तुमने पहचान लिया?"

"न कैसे पहचानें, सरकार! यह देह पली है।" उसने कहा।

"तुमको कुछ पेन्शन मिलती है कि नहीं?"

"आप ही का दिया खाते हैं, बाबूजी। अभी लडक़ी हमारी जगह पर घास देती है।"

भावुक नवयुवक ने फिर प्रश्न किया, "क्यों रामगुलाम, जब इसका विवाह हो जायेगा, तब कौन घास देगा?"

रामगुलाम के आनन्दाश्रु दु:ख की नदी होकर बहने लगे। बड़े कष्ट से उसने कहा-"क्या हम सदा जीते रहेंगे?"

अब मोहन से नहीं रहा गया, वहीं दो रुपये उस बुड्ढे को देकर चलते बने। जाते-जाते कहा-"फिर कभी।"

दुखिया को भी घास लेकर वहीं जाना था। वह पीछे चली।

जमींदार की पशुशाला थी। हाथी, ऊँट, घोड़ा, बुलबुल, भैंसा, गाय, बकरे, बैल, लाल, किसी की कमी नहीं थी। एक दुष्ट नजीब खाँ इन सबों का निरीक्षक था। दुखिया को देर से आते देखकर उसे अवसर मिला। बड़ी नीचता से उसने कहा-"मारे जवानी के तेरा मिजाज ही नहीं मिलता! कल से तेरी नौकरी बन्द कर दी जायगी। इतनी देर?"

दुखिया कुछ नहीं बोलती, किन्तु उसको अपने बूढ़े बाप की याद आ गयी। उसने सोचा, किसी तरह नौकरी बचानी चाहिए, तुरन्त कह बैठी- "छोटे सरकार घोड़े पर से गिर पड़े रहे। उन्हें मड़ई तक पहुँचाने में देर .....।"

"चुप हरामजादी! तभी तो तेरा मिजाज और बिगड़ा है। अभी बड़े सरकार के पास चलते हैं।"

वह उठा और चला। दुखिया ने घास का बोझा पटका और रोती हुई झोंपड़ी की ओर चलती हुई। राह चलते-चलते उसे डबरे का सायंकालीन दृश्य स्मरण होने लगा। वह उसी में भूल कर अपने घर पहुँच गई।

प्रतिमा

१

जब अनेक प्रार्थना करने पर यहाँ तक कि अपनी समस्त उपासना और भक्ति का प्रतिदान माँगने पर भी 'कुञ्जबिहारी' की प्रतिमा न पिघली, कोमल प्राणों पर दया न आयी, आँसुओं के अघ्घ्य देने पर भी न पसीजी, और कुञ्जनाथ किसी प्रकार देवता को प्रसन्न न कर सके, भयानक शिकारी ने सरला के प्राण ले ही लिये, किन्तु पाषाणी प्रतिमा अचल रही, तब भी उसका राग-भोग उसी प्रकार चलता रहा; शंख, घण्टा और दीपमाला का आयोजन यथा-नियम होता रहा। केवल कुञ्जनाथ तब से मन्दिर की फुलवारी में पत्थर पर बैठकर हाथ जोड़कर चला आता। "कुञ्जबिहारी" के समक्ष जाने का साहस नहीं होता। न जाने मूर्ति में उसे विश्वास ही कम हो गया था कि अपनी श्रद्धा की, विश्वास की दुर्बलता उसे संकुचित कर देती।

आज चाँदनी निखर रही थी। चन्द्र के मनोहर मुख पर रीझकर सुर-बालाएँ तारक-कुसुम की वर्षा कर रही थीं। स्निग्ध मलयानिल प्रत्येक कुसुम-स्तवक को चूमकर मन्दिर की अनेक मालाओं को हिला देता था। कुञ्ज पत्थर पर बैठा हुआ सब देख रहा था। मनोहर मदनमोहन मूर्ति की सेवा करने को चित्त उत्तेजित हो उठा। कुञ्जनाथ ने सेवा, पुजारी के हाथ से ले ली। बड़ी श्रद्धा से पूजा करने लगा। चाँदी की आरती लेकर जब देव-विग्रह के सामने युवक कुञ्जनाथ खड़ा हुआ, अकस्मात् मानसिक वृत्ति पलटी और सरला का मुख स्मरण हो आया। कुञ्जबिहारी जी की प्रतिमा के मुख-मण्डल पर उसने अपनी दृष्टि जमायी।

"मैं अनन्त काल तक तरंगों का आघात, वर्षा, पवन, धूप, धूल से तथा मनुष्यों के अपमान श्लाघा से बचने के लिए गिरि-गर्भ में छिपा पड़ा रहा, मूर्ति मेरी थी या मैं स्वयं मूर्ति था, यह सम्बन्ध व्यक्त नहीं था। निष्ठर लौह-अस्त्र से जब काटकर मैं अलग किया गया, तब किसी प्राणी ने अपनी समस्त सहृदयता मुझे अर्पण की, उसकी चेतावनी मेरे पाषाण में मिली, आत्मानुभव की तीव्र वेदना यह सब मुझे मिलते रहे, मुझमें विभ्रम था, विलास था, शक्ति थी। अब तो पुजारी भी वेतन पाता है और मैं भी उसी के अवशिष्ट से अपना निर्वाह......"

और भी क्या मूर्ति कह रही थी, किन्तु शंख और घण्टा भयानक स्वर से बज उठे। स्वामी को देख कर पुजारी लोगों ने धातु-पात्रों को और भी वेग से बजाना आरम्भ कर दिया। कुञ्जनाथ ने आरती रख दी। दूर से कोई गाता हुआ जा रहा था:

"सच कह दूँ ऐ बिरहमन गर तू बुरा न माने।
तेरे सनमकदे के बुत हो गये पुराने।"

कुञ्जनाथ ने स्थिर दृष्टि से देखा, मूर्ति में वह सौन्दर्य नहीं, वह भक्ति स्फुरित करनेवाली कान्ति नहीं। वह ललित भाव-लहरी का आविर्भाव-तिरोभाव मुख-मण्डल से जाने कहाँ चला गया है। धैर्य छोड़कर कुञ्जनाथ चला आया। प्रणाम भी नहीं कर सका।

२

"कहाँ जाती है?"

"माँ आज शिवजी की पूजा नहीं की।"

"बेटी, तुझे कल रात से ज्वर था, फिर इस समय जाकर क्या नदी में स्नान करेगी?"

"हाँ, मैं बिना पूजा किये जल न पियूँगी।"

"रजनी, तू बड़ी हठीली होती जा रही है। धर्म की ऐसी कड़ी आज्ञा नहीं है कि वह स्वास्थ्य को नष्ट करके पालन की जाय।"

"माँ, मेरे गले से जल न उतरेगा। एक बार वहाँ तक जाऊँगी।"

"तू क्यों इतनी तपस्या कर रही है?"

"तू क्यों पड़ी-पड़ी रोया करती है?"

"तेरे लिए।"

"और मैं भी पूजा करती हूँ तेरे लिए कि तेरा रोना छूट जाय"- इतना कहकर कलसी लेकर रजनी चल पड़ी।"

-- --

वट-वृक्ष के नीचे उसी की जड़ में पत्थर का छोटा-सा जीर्ण मन्दिर है। उसी में शिवमूर्ति है, वट की जटा से लटकता हुआ मिट्टी का बर्तन अपने छिद्र से जल-बिन्द गिराकर जाह्नवी और जटा की कल्पना को सार्थक कर रहा है। बैशाख के कोमल विल्वदल उस श्यामल मूर्ति पर लिपटे हैं। गोधूली का समय, शीतलवाहिनी सरिता में स्नान करके रजनी ने दीपक जलाकर आँचल की ओट में छिपाकर उसी मूर्ति के सामने लाकर धर दिया। भक्तिभाव से हाथ जोड़कर बैठ गयी और करुणा, प्रेम तथा भक्ति से भगवान् को प्रसन्न करने लगी। सन्ध्या की मलिनता दीपक के प्रकाश में सचमुच वह पत्थर की मूर्ति मांसल हो गयी। प्रतिमा में सजीवता आ गयी। दीपक की लौ जब पवन से हिलती थी, तब विदित होता था कि प्रतिमा प्रसन्न होकर झूमने लगी है। एकान्त में भक्त भगवान् को प्रसन्न करने लगा। अन्तरात्मा के मिलन से उस जड़ प्रतिमा को आर्द्र बना डाला। रजनी ने विधवा माता की विकलता की पुष्पाञ्जलि बनाकर देवता के चरणों में डाल दी। बेले का फूल और विल्वदल सान्ध्य-पवन से हिल कर प्रतिमा से खिसककर गिर पड़ा। रजनी ने कामना पूर्ण होने का संकेत पाया। प्रणाम करके कलसी उठाकर गाँव की झोपड़ी की ओर अग्रसर हुई।

३

"मनुष्य इतना पतित कभी न होता, यदि समाज उसे न बना देता। मैं अब इस कंकाल समाज से कोई सम्बन्ध न रक्खूँगा। जिसके साथ स्नेह करो, वही कपट रखता है। जिसे अपना समझो, वही कतरनी लिये रहता है। ओह, हम विद्वेष करके इतने कूरर बना दिये गये हैं, हमें लोगों ने बुरा बना दिया है। अपने स्वार्थ के लिए, हम कदापि इतने दुष्ट नहीं हो सकते थे। हमारी शुद्ध आत्मा में किसने विष मिला दिया है, कलुषित कर दिया है, किसने कपट, चातुरी, प्रवञ्चना सिखायी है? इसी पैशाचिक समाज ने, इसे छोड़ना होगा। किसी से सम्बन्ध ही न रहेगा, तो फिर विद्वेष का मूल ही न रह जायगा। चलो, आज से इसे तिलाञ्जलि दे दो। बस ...." युवक कुञ्जनाथ आम्र-कानन के कोने पर से सन्ध्या के आकाश को देखते हुए कह रहा था। लता की आड़ से निकलती हुई रजनी ने कहा-"हैं! हैं! किसे छोड़ते हो?"

कुञ्जनाथ ने घूमकर देखा कि उनकी स्वर्गीय स्त्री की भगिनी रजनी कलसी लिये आ रही है। कुञ्जनाथ की भावना प्रबल हो उठी। आज बहुत दिनों पर रजनी दिखाई पड़ी है। दरिद्रा सास को

कुञ्जनाथ बड़ी अनादर की दृष्टि से देखते थे। उससे कभी मिलना भी अपनी प्रतिष्ठा के विरुद्ध समझते थे। जब से सरला का देहान्त हुआ, तब से और भी। दरिद्र-कन्या से ब्याह करके उन्हें समाज में सिर नीचा करना पड़ा था। इस पाप का फल रजनी की माँ को बिना दिये, बिना प्रतिशोध लिये कुञ्जनाथ को चैन नहीं। रजनी जब बालिका थी, कई बार बहन के पास बैठ कर कुञ्जनाथ से सरल विनोद कर चुकी थी। आज उसके मन में उस बालिका-सुलभ चाञ्चल्य का उदय हो गया। वह बोल उठी-"कुञ्ज बाबू! किसे छोड़ना चाहते हो?"

कुञ्ज, धनी जमींदार-सन्तान था। उससे प्रगल्भ व्यवहार करना साधारण काम नहीं था। कोई दूसरा समय होता, तो कुञ्जनाथ बिगड़ उठता, पर दो दिन से उसके हृदय में बड़ी करुणा है, अत: क्रोध को अवकाश नहीं। हँस कर पूछा-"कहाँ से आती हो, रजनी?"

रजनी ने कहा-"शिव-पूजन करके आ रही हूँ।"

कुञ्ज ने पूछा-"तुम्हारे शिवजी कहाँ हैं?"

रजनी-"यहीं नदी के किनारे।"

कुञ्ज-"मैं भी देखूँगा।"

रजनी-"चलिए।"

दोनों नदी की ओर चले। युवक ने देखा भग्न-मन्दिर का नग्न देवता-न तो वस्त्र हैं, न अलंकार, न चाँदी के पात्र हैं, न जवाहरात की चमक। केवल श्यामल मूर्ति पर हरे-हरे विल्वदल और छोटा-सा दीपक का प्रकाश। कुञ्जनाथ को भक्ति का उद्रेक हुआ। देवमूर्ति के सामने उसने झुककर प्रणाम किया।

क्षण भर में आश्चर्य से कुञ्ज ने देखा कि स्वर्गीय सरला की प्रतिमा रजनी, हाथ जोड़े है, और वह शिव-प्रतिमा कुञ्जबिहारी हो गयी है।

प्रलय

हिमावृत चोटियों की श्रेणी, अनन्त आकाश के नीचे क्षुब्ध समुद्र! उपत्यका की कन्दरा में, प्राकृतिक उद्यान में खड़े हुए युवक ने युवती से कहा-"प्रिये!"

"प्रियतम! क्या होने वाला है?"

"देखो क्या होता है, कुछ चिन्ता नहीं-आसव तो है न?"

"क्यों प्रिय! इतना बड़ा खेल क्या यों ही नष्ट हो जायेगा?"

"यदि नष्ट न हो, खेल ज्यों-का-त्यों बना रहे तब तो वह बेकार हो जायेगा।"

"तब हृदय में अमर होने की कल्पना क्यों थी?"

"सुख-भोग-प्रलोभन के कारण।"

"क्या सृष्टि की चेष्टा मिथ्या थी?"

"मिथ्या थी या सत्य, नहीं कहा जा सकता- पर सर्ग प्रलय के लिए होता है, यह निस्सन्देह कहा जायगा, क्योंकि प्रलय भी एक सृष्टि है।"

"अपना अस्तित्व बनाए रखने के लिए बड़ा उद्योग था"-युवती ने निश्वास लेकर कहा।

"यह तो मैं भी मानूँगा कि अपने अस्तित्व के लिए स्वयं आपको व्यय कर दिया।"-युवक ने व्यंग्य से कहा।

युवती करुणाद्रिर हो गयी। युवक ने मन बदलने के लिए कहा-"प्रिये! आसव ले आओ।"

युवती स्फटिक-पात्र में आसव ले आयी। युवक पीने लगा।

"सदा रक्षा करने पर भी यह उत्पात?" युवती ने दीन होकर जिज्ञासा की।

"तुम्हारे उपासकों ने भी कम अपव्यय नहीं किया।" युवक ने सस्मित कहा।

"ओह, प्रियतम! अब कहाँ चलें?" युवती ने मान करके कहा।

कठोर होकर युवक ने कहा-"अब कहाँ, यहीं से यह लीला देखेंगे।"

सूर्य का अलात-चक्र के समान शून्य में भ्रमण, और उसके विस्तार का अग्नि-स्फुलिंग-वर्षा करते हुए आश्चर्य-संकोच! हिम-टीलों का नवीन महानदों के रूप में पलटना, भयानक ताप से शेष प्राणियों का पलटना! महाकापालिक के चिताग्नि-साधन का वीभत्स दृश्य! प्रचण्ड आलोक का अन्धकार!!!

युवक मणि-पीठ पर सुखासीन होकर आसव पान कर रहा है। युवती त्रस्त नेत्रों से इस भीषण व्यापार को देखते हुए भी नहीं देख रही है। जवाकुसुम सदृश और जगत् का तत्काल तरल पारद-समान रंग बदलना, भयानक होने पर भी युवक को स्पृहणीय था। वह सस्मित बोला-"प्रिये! कैसा दृश्य है।"

"इसी का ध्यान करके कुछ लोगों ने आध्यात्मिकता का प्रचार किया था।" युवती ने कहा।

"बड़ी बुद्धिमत्ता थी!" हँस कर युवक ने कहा। वह हँसी ग्रहगण की टक्कर के शब्द से भी कुछ ऊँची थी।

"क्यों?"

"मरण के कठोर सत्य से बचने का बहाना या आड़।"

"प्रिय! ऐसा न कहो।"

"मोह के आकस्मिक अवलम्ब ऐसे ही होते हैं।" युवक ने पात्र भरते हुए कहा।

"इसे मैं नहीं मानूँगी।" दृढ़ होकर युवती बोली।

सामने की जल-राशि आलोड़ित होने लगी। असंख्य जलस्तम्भ शून्य नापने को ऊँचे चढ़ने लगे। कण-जाल से कुहासा फैला। भयानक ताप पर शीतलता हाथ फेरने लगी। युवती ने और भी साहस से कहा-"क्या आध्यात्मिकता मोह है?"

"चैतनिक पदार्थों का ज्वार-भाटा है। परमाणुओं से ग्रथित प्राकृत नियन्त्रण-शैली का एक बिन्द! अपना अस्तित्व बचाये रखने की आशा में मनोहर कल्पना कर लेता है। विदेह होकर विश्वात्मभाव की प्रत्याशा, इसी क्षुद्र अवयव में अन्तर्निहित अन्त:करण यन्त्र का चमत्कार साहस है, जो स्वयं नश्वर उपादनों को साधन बनाकर अविनाशी होने का स्वप्न देखता है। देखो, इसी सारे जगत् के लय की लीला में तुम्हें इतना मोह हो गया?"

प्रभञ्जन का प्रबल आक्रमण आरम्भ हुआ। महार्णव की आकाशमापक स्तम्भ लहरियाँ भग्न होकर भीषण गर्जन करने लगीं। कन्दरा के उद्यान का अक्षयवट लहरा उठा। प्रकाण्ड शाल-वृक्ष तृण की तरह उस भयंकर फूत्कार से शून्य में उड़ने लगे। दौड़ते हुए वारिद-वृन्द के समान विशाल शैल-शृंग आवर्त में पड़कर चक्र-भ्रमण करने लगे। उद्दीर्ण ज्वालामुखियों के लावे जल-राशि को जलाने लगे। मेघाच्छादित, निस्तेज, स्पृश्य, चन्द्रबिम्ब के समान सूर्यमण्डल महाकापालिक के पिये हुए पान-पात्र की तरह लुढ़कने लगा। भयंकर कम्प और घोर वृष्टि में ज्वालामुखी बिजली के समान विलीन होने लगे।

युवक ने अट्टहास करते हुए कहा-"ऐसी बरसात काहे को मिलेगी! एक पात्र और।"

युवती सहमकर पात्र भरती हुई बोली-"मुझे अपने गले से लगा लो, बड़ा भय लगता है।"

युवक ने कहा-"तुम्हारा त्रस्त करुण अर्ध कटाक्ष विश्व-भर की मनोहर छोटी-सी आख्यायिका का सुख दे रहा है। हाँ एक ....."

"जाओ, तुम बड़े कठोर हो .....।"

"हमारी प्राचीनता और विश्व की रमणीयता ने तुम्हें सर्ग और प्रलय की अनादि लीला देखने के लिए उत्साहित किया था। अब उसका ताण्डव नृत्य देखो। तुम्हें भी अपनी कोमल कठोरता का बड़ा अभिमान था .....।"

"अभिमान ही होता, तो प्रयास करके तुमसे क्यों मिलती? जाने दो, तुम मेरे सर्वस्व हो। तुमसे अब यह माँगती हूँ कि अब कुछ न माँगूँ चाहे इसके बदले मेरी समस्त कामना ले लो।" युवती ने गले में हाथ डालकर कहा।

-- --

भयानक शीत, दूसरे क्षण असह्य ताप, वायु के प्रचण्ड झोंकों में एक के बाद दूसरे की अद्भुत परम्परा, घोर गर्जन, ऊपर कुहासा और वृष्टि, नीचे महार्णव के रूप में अनन्त द्रवराशि, पवन उन्चासों गतियों से समग्र पञ्चमहाभूतों को आलोड़ित कर उन्हें तरल परमाणुओं के रूप में परिवर्तित करने के

लिए तुला हुआ है। अनन्त परमाणुमय शून्य में एक वट-वृक्ष केवल एक नुकीले श्रृंग के सहारे स्थित है। प्रभञ्जन के प्रचण्ड आघातों से सब अदृश्य है। एक डाल पर वही युवक और युवती! युवक के मुख-मण्डल के प्रकाश से ही आलोक है। युवती मूर्च्छितप्राय है। वदन-मण्डल मात्र अस्पष्ट दिखाई दे रहा है। युवती सचेत होकर बोली- "प्रियतम!" "क्या प्रिये?"

"नाथ! अब मैं तुमको पाऊँगी।"

"क्या अभी तक नहीं पाया था?"

"मैं अभी तक तुम्हें पहचान भी नहीं सकी थी। तुम क्या हो, आज बता दोगे?"

"क्या अपने को जान लिया था; तुम्हारा क्या उद्देश्य था?"

"अब कुछ-कुछ जान रही हूँ; जैसे मेरा अस्तित्व स्वप्न था; आध्यात्मिकता का मोह था; जो तुमसे भिन्न, स्वतन्त्र स्वरूप की कल्पना कर ली थी, वह अस्तित्व नहीं, विकृति थी। उद्देश्य की तो प्राप्ति हुआ ही चाहती है।"

युवती का मुख-मण्डल अस्पष्ट प्रतिबिम्ब मात्र रह गया था-युवक एक रमणीय तेज-पुंज था।

"तब और जानने की आवश्यकता नहीं, अब मिलना चाहती हो?"

"हूँ" अस्फुट शब्द का अन्तिम भाग प्रणव के समान गूँजने लगा!

"आओ, यह प्रलय-रूपी तुम्हारा मिलन आनन्दमय हो। आओ।"

अखण्ड शान्ति! आलोक!! आनन्द!!!

कामायनी

आमुख

आर्य साहित्य में मानवों के आदिपुरुष मनु का इतिहास वेदों से लेकर पुराण और इतिहासों में बिखरा हुआ मिलता है। श्रद्धा और मनु के सहयोग से मानवता के विकास की कथा को, रूपक के आवरण में, चाहे पिछले काल में मान लेने का वैसा ही प्रयत्न हुआ हो जैसाकि सभी वैदिक इतिहास के साथ निरुक्त के द्वारा किया गया किंतु मन्वंतर के अर्थात मानवता के नवयुग के प्रवर्तक के रूप में मनु की कथा आर्यों की अनुश्रुति में दृढ़ता से मानी गयी है। इसलिए वैवस्वत मनु को ऐतिहासिक पुरुष ही मानना उचित है। प्राय: लोग गाथा और इतिहास में मिथ्या और सत्य का व्यवधान मानते हैं। किंतु सत्य मिथ्या से अधिक विचित्र होता है। आदिम युग के मनुष्यों के प्रत्येक दल ने ज्ञानोन्मेष के अरुणोदय में जो भावपूर्ण इतिवृत्त संगृहीत किये थे, उन्हें आज गाथा या पौराणिक उपाख्यान कहकर अलग कर दिया जाता है, क्योंकि उन चरित्रों के साथ भावनाओं का भी बीच-बीच में संबंध लगा हुआ-सा दीखता है। घटनाएं कहीं कहीं अतिरंजित-सी भी जान पड़ती हैं। तथ्य-संग्रह-कारिणी तर्कबुद्धि को ऐसी घटनाओं में रूपक का आरोप कर लेने की सुविधा हो जाती है। किंतु उनमें भी कुछ सत्यांश घटना से संबद्ध है, ऐसा तो मानना ही पड़ेगा। आज के मनुष्य के समीप तो उसकी वर्तमान संस्कृति का क्रमपूर्ण इतिहास ही होता है; परंतु उसके इतिहास की सीमा जहां से प्रारंभ होती है, ठीक उसी के पहले सामूहिक चेतना की दृढ़ और गहरे रंगों की रेखाओं से, बीती हुई और भी पहले की बातों का उल्लेख स्मृति-पट पर अमिट रहता है, परंतु कुछ अतिरंजित-सा। वे घटनाएं आज विचित्रता से पूर्ण जान पड़ती हैं। संभवत: इसीलिए हमको अपनी प्राचीन श्रुतियों का निरुक्त के द्वारा अर्थ करना पड़ा; जिससे कि उन अर्थों का अपनी वर्तमान रुचि से सामंजस्य किया जाय।

यदि श्रद्धा और मनु अर्थात् मनन के सहयोग से मानवता का विकास रूपक है, तो भी बड़ा ही भावमय और श्लाघ्य है। यह मनुष्यता का मनोवैज्ञानिक इतिहास बनने में समर्थ हो सकता है। आज हम सत्य का अर्थ घटना कर लेते हैं। तब भी, उसके तिथि-क्रम मात्र से संतुष्ट न होकर, मनोवैज्ञानिक अन्वेषण के द्वारा इतिहास की घटना के भीतर कुछ देखना चाहते हैं। उसके मूल में क्या रहस्य है? आत्मा की अनुभूति! हां, उसी भाव के रूप-ग्रहण की चेष्टा सत्य या घटना बन कर प्रत्यक्ष होती है। फिर, वे सत्य घटनाएं स्थूल और क्षणिक होकर मिथ्या और अभाव में परिणत हो जाती हैं किंतु सूक्ष्म अनुभूति या भाव, चिरंतन सत्य के रूप में प्रतिष्ठित रहता है, जिसके द्वारा युग-युग के पुरुषों और पुरुषार्थों की अभिव्यक्ति होती रहती है।

जल-प्लावन भारतीय इतिहास में एक ऐसी ही प्राचीन घटना है, जिसने मनु को देवों से विलक्षण मानवों की एक भिन्न संस्कृति प्रतिष्ठित करने का अवसर दिया। वह इतिहास ही है। 'मनवे वै प्रात:' इत्यादि से इस घटना का उल्लेख शतपथ ब्राह्मण के आठवें अध्याय में मिलता है। देवगण के उच्छृंखल स्वभाव, निर्बाध आत्मतुष्टि में अंतिम अध्याय लगा और मानवीय भाव अर्थात् श्रद्धा और मनन का समन्वय होकर प्राणी को एक नये युग की सूचना मिली। इस मन्वंतर के प्रवर्तक मनु हुए। मनु भारतीय इतिहास के आदिपुरुष हैं। राम, कृष्ण और बुद्ध इन्हीं के वंशज हैं। शतपथ ब्राह्मण में उन्हें श्रद्धादेव कहा गया है, 'श्रद्धादेवो वै मनु:' (का° 1 प्र° 1)। भागवत में इन्हीं वैवस्वत मनु और श्रद्धा से मानवीय सृष्टि का प्रारंभ माना गया है।

'ततो मनुः श्राद्धदेवः संज्ञायामास भारत
श्रद्धायां जनयामास दश पुत्रान् स आत्मवान्।' (9-1-11)

छांदोग्य उपनिषद् में मनु और श्रद्धा की भावमूलक व्याख्या भी मिलती है। 'यदावै श्रद्धधाति अथ मनुते नाऽश्रद्धधन् मनुते'---यह कुछ निरुक्त की-सी व्याख्या है। ऋग्वेद में श्रद्धा और मन, दोनों का नाम ऋषियों की तरह मिलता है। श्रद्धा वाले सूक्त में सायण ने श्रद्धा का परिचय देते हुए लिखा है, 'कामगोत्रजा श्रद्धानामर्षिका।' श्रद्धा काम-गोत्र की बालिका है, इसीलिए श्रद्धा नाम के साथ उसे कामायनी भी कहा जाता है। मनु प्रथम पथ-प्रदर्शक और अग्निहोत्र प्रज्वलित करने वाले तथा अन्य कई वैदिक कथाओं के नायक हैं : 'मनुर्हवा अग्रे यज्ञेनेजे यदनुकृत्येमाः प्रजा यजन्ते' (5.1 शतपथ)। इनके संबंध में वैदिक साहित्य में बहुत-सी बातें बिखरी हुई मिलती हैं; किंतु उनका क्रम स्पष्ट नहीं है। जल-प्लावन का वर्णन शतपथ ब्राह्मण के प्रथम कांड के आठवें अध्याय से आरंभ होता है, जिसमें उनकी नाव के उत्तरगिरि हिमवान प्रदेश में पहुंचने का प्रसंग है। वहां ओघ के जल का अवतरण होने पर मनु भी जिस स्थान पर उतरे, उसे मनोरवसर्पण कहते हैं। अपीपरं वै त्वा, वृक्षे नावं प्रतिबध्नीष्व, तै तु त्वा मा गिरौ सन्त मुदकमन्तश्चैत्सीद् यावद् यावदुदकं समवायात्---तावत् तावदन्ववसर्पासि इति स ह तावत् तावदेवान्ववससर्प। तदप्येतदुत्तरस्य गिरेर्मनोरवसर्पणमिति। (8.1)

श्रद्धा के साथ मनु का मिलन होने के बाद उसी निर्जन प्रदेश में उजड़ी हुई सृष्टि को फिर से आरंभ करने का प्रयत्न हुआ। किंतु असुर पुरोहित के मिल जाने से इन्होंने पशु-बलि की----'किलाताकुली-इति हासुर ब्रम्हावासतुः। तौ होचतुः- श्रद्धादेवो वै मनुः--आवं नु वेदावेति। तौ हागत्योचतुः---मनो। बाजयाव त्वेति।'

इस यज्ञ के बाद मनु में जो पूर्व-परिचित देव-प्रवृत्ति जाग उठी--उसने इड़ा के संपर्क में आने पर उन्हें श्रद्धा के अतिरिक्त एक दूसरी ओर प्रेरित किया। इड़ा के संबंध में शतपथ में कहा गया है कि उसकी उत्पत्ति या पुष्टि पाक यज्ञ से हुई और उस पूर्ण पोषिता को देखकर मनु ने पूछा कि 'तुम कौन हो?' इड़ा ने कहा,'तुम्हारी दुहिता हूं।' मनु ने पूछा कि 'मेरी दुहिता कैसे?' उसने कहा 'तुम्हारे दही, घी इत्यादि के हवियों से ही मेरा पोषण हुआ है।' 'तां ह' मनुरुवाच ---'का असि' इति। 'तव दुहिता' इति। 'कथं भगवति? मम दुहिता' इति। (शतपथ 6 प्र॰ 3 ब्रा॰) इड़ा के लिए मनु को अत्यधिक आकर्षण हुआ और श्रद्धा से वे कुछ खिंचे। ऋग्वेद में इड़ा का कई जगह उल्लेख मिलता है। यह प्रजा पति मनु की पथ-प्रदर्शिका, मनुष्यों का शासन करने वाली कही गयी है। 'इड़ामकृण्वन्मनुष्य शासनीम्' (1-31-11 ऋग्वेद)। इड़ा के संबंध में ऋग्वेद में कई मंत्र मिलते हैं। 'सरस्वती साधयंती धियं न इड़ा देवी भारती विश्वतूर्तिः तिस्रो देवीः स्वधयावहिरिदमच्छिद्रं पान्तु शरणं निषद्य।' (ऋग्वेद 2-3.8) 'आनो यज्ञं भारती तूय मेत्विड़ा मनुष्वदिह चेतयंती। तिस्रो देवीर्वहिरिदं स्योनं सरस्वती स्वपसः सदंतु।" (ऋग्वेद—10-110.8) इन मंत्रों में मध्यमा, वैखरी और पश्यंती की प्रतिनिधि भारती, सरस्वती के साथ इड़ा का नाम आया है। लौकिक संस्कृत में इड़ा शब्द पृथ्वी अर्थात् बुद्धि, वाणी आदि का पर्यायवाची है---'गो भू वाचस्त्विड़ा इला'---(अमर)। इस इड़ा या वाक् के साथ मनु या मन के एक और विवाद का भी शतपथ में उल्लेख मिलता है जिसमें दोनों अपने महत्व के लिए झगड़ते हैं-'अथातोमनसश्च' इत्यादि (4 अध्याय 5 ब्राह्मण)। ऋग्वेद में इड़ा को घी, बुद्धि का साधन करने वाली; मनुष्य को चेतना प्रदान करने वाली कहा है। पिछले काल में संभवतः इड़ा को पृथ्वी आदि से संबद्ध कर दिया गया हो, किंतु ऋग्वेद 5-5-8 में इड़ा और सरस्वती के साथ मही का अलग उल्लेख स्पष्ट है। 'इड़ा सरस्वती मही तिस्रोदेवी मयोभुवः' से मालूम पड़ता है कि मही से इड़ा भिन्न है। इड़ा को मेधसवाहिनी नाड़ी भी कहा गया है।

अनुमान किया जा सकता है कि बुद्धि का विकास, राज्य- स्थापना इत्यादि इड़ा के प्रभाव से ही मनु ने किया। फिर तो इड़ा पर भी अधिकार करने की चेष्टा के कारण मनु को देवगण का कोपभाजन होना पड़ा। 'तद्वै देवानां आग आस' (7-4 शतपथ)। इस अपराध के कारण उन्हें दंड भोगना पड़ा-

--'तंरुद्रोऽभ्यावत्य विव्याघ' (7-4 शतपथ)। इड़ा देवताओं की स्वसा थी। मनुष्यों को चेतना प्रदान करने वाली थी। इसीलिए यज्ञों में इड़ा-कर्म होता है। यह इड़ा का बुद्धिवाद श्रद्धा और मनु के बीच व्यवधान बनाने में सहायक होता है। फिर बुद्धिवाद के विकास में, अधिक सुख की खोज में, दुख मिलना स्वाभाविक है। यह आख्यान इतना प्राचीन है कि इतिहास में रूपक का भी अदृत मिश्रण हो गया है। इसीलिए मनु, श्रद्धा और इड़ा इत्यादि अपना ऐतिहासिक अस्तित्व रखते हुए, सांकेतिक अर्थ की भी अभि-व्यक्ति करें तो मुझे कोई आपत्ति नहीं। मनु अर्थात् मन के दोनों पक्ष हृदय और मस्तिष्क का संबंध क्रमशः श्रद्धा और इड़ा से भी सरलता से लग जाता है। 'श्रद्धां हृदय्य याकूत्या श्रद्धया विन्दते वसु!' (ऋग्वेद 10-151-4) इन्हीं सबके आधार पर 'कामायनी' की कथा-सृष्टि हुई है। हां, 'कामायनी' की कथा-शृंखला मिलाने के लिए कहीं-कहीं थोड़ी- बहुत कल्पना को भी काम में ले आने का अधिकार मैं नहीं छोड़ सका हूं।

महारात्रि,
---जयशंकर 'प्रसाद'

चिंता

हिमगिरि के उत्तुंग शिखर पर, बैठ शिला की शीतल छाँह,
एक पुरुष, भीगे नयनों से देख रहा था प्रलय प्रवाह।
नीचे जल था ऊपर हिम था, एक तरल था एक सघन,
एक तत्व की ही प्रधानता-कहो उसे जड़ या चेतन।
दूर-दूर तक विस्तृत था हिम स्तब्ध उसी के हृदय-समान,
नीरवता-सी शिला-चरण से टकराता फिरता पवमान।
तरुण तपस्वी-सा वह बैठा साधन करता सुर-श्मशान,
नीचे प्रलयसिंधु लहरों का होता था सकरुण अवसान।
उसी तपस्वी-से लंबे थे देवदारु दो चार खड़े,
हुए हिम-धवल, जैसे पत्थर बन कर ठिठुरे रहे अड़े।
अवयव की वृढ़ मांस-पेशियाँ, ऊर्जस्वित था वीर्य अपार,
स्फीत शिराएँ, स्वस्थ रक्त का होता था जिनमें संचार।
चिंता-कातर बदन हो रहा पौरुष जिसमें ओत-प्रोत,
उधर उपेक्षामय यौवन का बहता भीतर मधुमय स्रोत।
बँधी महावट से नौका थी सूखे में अब पड़ी रही,
उतर चला था वह जल-प्लावन, और निकलने लगी मही।
निकल रही थी मर्म वेदना करुणा विकल कहानी-सी,
वहां अकेली प्रकृति सुन रही, हंसती-सी पहचानी-सी।

'ओ चिंता की पहली रेखा, अरी विश्व-वन की व्याली,
ज्वालामुखी स्फोट के भीषण प्रथम कंप-सी मतवाली!
है अभाव की चपल बालिके, री ललाट की खललेखा!
हरी-भरी-सी दौड़-धूप,ओ जलमाया की चल-रेखा!
इस ग्रहकक्षा की हलचल---री तरल गरल की लघु-लहरी,
जरा अमर-जीवन की, और न कुछ सुनने वाली, बहरी!
अरी व्याधि की सूत्र-धारिणी—अरी आधि, मधुमय अभिशाप!
हृदय-गगन में धूमकेतु-सी, पुण्य-सृष्टि में सुन्दर पाप।
मनन करावेगी तू कितना? उस निश्चिंत जाति का जीव---
अमर मरेगा क्या? तू कितनी गहरी डाल रही है नींव।
आह! घिरेगी हृदय-लहलहे-खेतों पर करका-घन-सी,
छिपी रहेगी अंतरतम में सब के तू निगूढ़ घन-सी।
बुद्धि, मनीषा, मति, आशा, चिन्ता तेरे हैं कितने नाम।
अरी पाप है, तू जा, चल जा, यहाँ नहीं कुछ तेरा काम।
विस्मृति आ, अवसाद घेर ले, नीरवते! बस चुप कर दे,

चेतनता चल जा, जड़ता से आज शून्य मेरा भर दे।"

"चिन्ता करता हूँ मैं जितनी उस अतीत की, उस सुख की,
उतनी ही अनंत में बनती जाती रेखाएँ दुःख की।
आह सर्ग के अग्रदूत! तुम असफल हुए, विलीन हुए,
भक्षक या रक्षक जो समझो, केवल अपने मीन हुए।
अरी आँधियो! ओ बिजली की दिवा-रात्रि तेरा नर्त्तन,
उसी वासना की उपासना, वह तेरा प्रत्यावर्त्तन।
मणि-दीपों के अंधकारमय अरे निराशा पूर्ण भविष्य।
देव-दंभ के महामेघ में सब कुछ ही बन गया हविष्य।
अरे अमरता के चमकीले पुतलो! तेरे वे जयनाद---
काँप रहे हैं आज प्रतिध्वनि बनकर मानो दीन विषाद।
प्रकृति रही दुर्जय, पराजित हम सब थे भूले मद में,
भोले थे, हाँ तिरते केवल सब विलासिता के नद में।
वे सब डूबे, डूबा उनका विभव, बन गया पारावार-
उमड़ रहा था देव-सुखों पर जलधि का नाद अपार।"

"वह उन्मत्त विलास हुआ क्या! स्वप्न रहा या छलना थी!
देवसृष्टि की सुख-विभावरी ताराओं की कलना थी।
चलते थे सुरभित अंचल से जीवन के मधुमय निश्वास,
कोलाहल में मुखरित होता देव जाति का सुख-विश्वास।
सुख, केवल सुख का वह संग्रह, केंद्रीभूत हुआ इतना,
छायापथ में नव तुषार का सघन मिलन होता जितना।
सब कुछ थे स्वायत्त, विश्व के---बल, वैभव, आनंद अपार,
उद्वेलित लहरों-सा होता उस समृद्धि का सुख-संचार।
कीर्ति, दीप्ति, शोभा थी नचती अरुण-किरण-सी चारों ओर,
सप्तसिंधु के तरल कणों में, द्रुम-दल में, आनंद-विभोर।
शक्ति रही हाँ शक्ति-प्रकृति थी पद-तल में विनम्र विश्रांत,
कंपती धरणी उन चरणों से होकर प्रतिदिन ही आक्रांत।
स्वयं देव थे हम सब, तो फिर क्यों न विश्रृंखल होती सृष्टि?
अरे अचानक हुई इसी से कड़ी आपदाओं की वृष्टि।
गया, सभी कुछ गया, मधुर तम सुर-बालाओं का श्रृंगार,
उषा ज्योत्स्ना-सा यौवन-स्मित मधुप-सदृश निश्चिंत विहार।
भरी वासना-सरिता का वह कैसा था मदमत्त प्रवाह,
प्रलय-जलधि में संगम जिसका देख हृदय था उठा कराह।"

चलते थे सुरभित अंचल से जीवन के मधुमय निश्वास,
कोलाहल में मुखरित होता देव जाति का सुख-विश्वास।
सुख, केवल सुख का वह संग्रह, केंद्रीभूत हुआ इतना,
छायापथ में नव तुषार का सघन मिलन होता जितना।
सब कुछ थे स्वायत्त, विश्व के---बल, वैभव, आनंद अपार,
उद्वेलित लहरों-सा होता उस समृद्धि का सुख-संचार।
कीर्ति, दीप्ति, शोभा थी नचती अरुण-किरण-सी चारों ओर,
सप्तसिंधु के तरल कणों में, द्रुम-दल में, आनंद-विभोर।

शक्ति रही हाँ शक्ति-प्रकृति थी पद-तल में विनम्र विश्रांत,
कँपती धरणी उन चरणों से होकर प्रतिदिन ही आक्रांत।
स्वयं देव थे हम सब, तो फिर क्यों न विश्रृंखल होती सृष्टि?
अरे अचानक हुई इसी से कड़ी आपदाओं की वृष्टि।
गया, सभी कुछ गया, मधुर तम सुर-बालाओं का श्रृंगार,
उषा ज्योत्स्ना-सा यौवन-स्मित मधुप-सदृश निश्चिंत विहार।
भरी वासना-सरिता का वह कैसा था मदमत्त प्रवाह,
प्रलय-जलधि में संगम जिसका देख हृदय था उठा कराह।"
सुरा सुरभिमय बदन अरुण वे नयन भरे आलस अनुराग,
कल कपोल था जहाँ बिछलता कल्पवृक्ष का पीत पराग।
विकल वासना के प्रतिनिधि वे सब मुरझाये चले गये,
आह! जले अपनी ज्वाला से फिर वे जल में गले, गये।"

"अरी उपेक्षा-भरी अमरते! री अतृप्ति! निर्बाध विलास!
द्विधा-रहित अपलक नयनों की भूख-भरी दर्शन की प्यास!
बिछुड़े तेरे सब आलिंगन, पुलक-स्पर्श का पता नहीं,
मधुमय चुंबन कातरतायें, आज न मुख को सता रहीं।
रत्न-सौध के वातायन-जिनमें आता मधु-मदिर समीर,
टकराती होगी अब उनमें तिमिंगिलों की भीड़ अधीर।
देवकामिनी के नयनों से जहाँ नील-नलिनों की सृष्टि--
होती थी, अब वहाँ हो रही प्रलयकारिणी भीषण वृष्टि।
वे अम्लान-कुसुम-सुरभित—मणि-रचित मनोहर मालाएँ,
बनीं श्रृंखला, जकड़ीं जिनमें विलासिनी सुर-बालाएँ।
देव-यजन के पशुयज्ञों की वह पूर्णाहुति की ज्वाला,
जलनिधि में बन जलती कैसी आज लहरियों की माला।"

"उनको देख कौन रोया यों अंतरिक्ष में बैठ अधीर!
व्यस्त बरसने लगा अश्रुमय यह प्रालेय हलाहल नीर!
हाहाकार हुआ क्रंदनमय कठिन कुलिश होते थे चूर,
हुए दिगंत बधिर, भीषण रव बार-बार होता था क्रूर।
दिग्दाहों से धूम उठे, या जलधर उठे क्षितिज-तट के!
सघन गगन में भीमप्रकंपन, झंझा के चलते झटके।
अंधकार में मलिन मित्र की धुँधली आभा लीन हुई,
वरुण व्यस्त थे, घनी कालिमा स्तर-स्तर जमती पीन हुई।
पंचभूत का भैरव मिश्रण, शंपाओं के शकल-निपात,
उल्का लेकर अमर शक्तियाँ खोज रहीं ज्यों खोया प्रात।
बार-बार उस भीषण रव से कँपती धरती देख विशेष,
माना नील व्योम उतरा हो आलिंगन के हेतु अशेष!
उधर गरजतीं सिंधु लहरियाँ कुटिल काल के जालों सी,
चली आ रहीं फेन उगलती फन फैलाये व्यालों-सी।
धँसती धरा, धधकती ज्वाला, ज्वाला-मुखियों के निश्वास,
और संकुचित क्रमशः उसके अवयव का होता था ह्रास।
सबल तरंगाघातों से उस क्रुद्ध सिंधु के, विचलित-सी---

व्यस्त महाकच्छप-सी धरणी ऊभ-चूभ थी विकलित-सी।
बढ़ने लगा विलास-वेग-सा वह अतिभैरव जल संघात,
तरल-तिमिर से प्रलय-पवन का होता आलिंगन, प्रतिघात।
वेला क्षण-क्षण निकट आ रही क्षितिज क्षीण, फिर लीन हुआ,
उदधि डुबाकर अखिल धरा को बस मर्य्यादा हीन हुआ!
करका क्रन्दन करती गिरती और कुचलना था सब का,
पंचभूत का यह तांडवमय नृत्य हो रहा था कब का।"

"एक नाव थी, और न उसमें डाँड़े लगते, या पतवार,
तरल तरंगों में उठ-गिरकर बहती पगली बारंबार।
लगते प्रबल थपेड़े, धुँधले तट का था कुछ पता नहीं,
कातरता से भरी निराशा देख नियति पथ बनी वहीं।
लहरें व्योम चूमती उठतीं, चपलायें असंख्य नचतीं,
गरल जलद की खड़ी झड़ी में बूँदें निज संसृति रचतीं।
चपलायें उस जलधि-विश्व में स्वयं चमत्कृत होती थीं,
ज्यों विराट बाड़व-ज्वालायें खंड-खंड हो रोती थीं।
जलनिधि के तलवासी जलचर विकल निकलते उतराते,
हुआ विलोड़ित गृह,तब प्राणी कौन! कहाँ! कब! सुख पाते?
घनीभूत हो उठे पवन, फिर श्वासों की गति होती रुद्ध,
और चेतना थी बिलखाती, दृष्टि विफल होती थी क्रुद्ध।
उस विराट् आलोड़न में ग्रह, तारा बुद-बुद से लगते,
प्रखर प्रलय-पावस में जगमग, ज्योतिरिंगणों-से जगते।
प्रहर दिवस कितने बीते, अब इसको कौन बता सकता,
इनके सूचक उपकरणों का चिह्न न कोई पा सकता।
काला शासन-चक्र मृत्यु का कब तक चला, न स्मरण रहा,
महामत्स्य का एक चपेटा दीन पोत का मरण रहा।
किंतु, उसी ने ला टकराया इस उत्तरगिरि के शिर से,
देव-सृष्टि का ध्वंस अचानक श्वास लगा लेने फिर से।
आज अमरता का जीवित हूँ मैं वह भीषण जर्जर दंभ,
आह सर्ग के प्रथम अंक का अधम-पात्र मय सा विष्कंभ!"

"ओ जीवन की मरु-मरीचिका, कायरता के अलस विषाद!
अरे पुरातन अमृत! अगतिमय मोहमुग्ध जर्जर अवसाद!
मौन! नाश! विध्वंस! अंधेरा! शून्य बना जो प्रकट अभाव,
वही सत्य है, अरी अमरते! तुझको यहाँ कहाँ अब ठाँव।
मृत्यु अरी चिर-निद्रे! तेरा अंक हिमानी-सा शीतल,
तू अनंत में लहर बनाती काल-जलधि की-सी हलचल।
महानृत्य का विषम सम अरी अखिल स्पंदनों की तू माप,
तेरी ही विभूति बनती है सृष्टि सदा होकर अभिशाप।
अंधकार के अट्टहास-सी मुखरित सतत चिरंतन सत्य,
छिपी सृष्टि के कण-कण में तू यह सुंदर रहस्य है नित्य।
जीवन तेरा क्षुद्र अंश है व्यक्त नील घन-माला में,
सौदामिनी-संधि-सा सुंदर क्षण भर रहा उजाला में।"

पवन पी रहा था शब्दों को निर्जनता की उखड़ी साँस,
टकराती थी, दीन प्रतिध्वनि बनी हिम-शिलाओं के पास।
धू-धू करता नाच रहा था अनस्तित्व का तांडव नृत्य,
आकर्षण-विहीन विदृत्कण बने भारवाही थे भृत्य।
मृत्यु सदृश शीतल निराश ही आलिंगन पाती थी दृष्टि,
परमव्योम से भौतिक कण-सी घने कुहासों की थी वृष्टि।
वाष्प बना उड़ता जाता था या वह भीषण जल-संघात,
सौरचक्र में आवर्त्तन था प्रलय निशा का होता प्रात!

आशा

उषा सुनहले तीर बरसती जयलक्ष्मी-सी उदित हुई,
उधर पराजित कालरात्रि भी जल में अंतर्निहित हुई।
वह विवर्ण मुख त्रस्त प्रकृति का आज लगा हँसने फिर से,
वर्षा बीती, हुआ सृष्टि में शरद-विकास नये सिर से।
नव कोमल आलोक बिखरता हिम-संसृति पर भर अनुराग,
सित सरोज पर क्रीड़ा करता जैसे मधुमय पिंग पराग।
धीरे धीरे हिम-आच्छादन हटने लगा धरातल से,
जगीं वनस्पतियाँ अलसाई मुख धोती शीतल जल से।
नेत्र निमीलन करती मानो प्रकृति प्रबुद्ध लगी होने,
जलधि लहरियों की अंगड़ाई बार-बार जाती सोने।
सिंधुसेज पर धरावधू अब तनिक संकुचित बैठी-सी,
प्रलय निशा की हलचल स्मृति में मान किये सी ऐंठी-सी।
देखा मनु ने वह अतिरंजित विजन विश्व का नव कांत,
जैसे कोलाहल सोया हो हिम-शीतल-जड़ता-सा श्रांत।
इंद्रनीलमणि महा चषक था सोम-रहित उलटा लटका,
आज पवन मृदु साँस ले रहा जैसे बीत गया खटका।
वह विराट् था हेम घोलता नया रंग भरने को आज;
'कौन?' हुआ यह प्रश्न अचानक और कुतूहल का था राज!

विश्वदेव, सविता या पूषा, सोम, मरुत, चंचल पवमान,
वरुण आदि सब घूम रहे हैं किसके शासन में अम्लान?
किसका था भ्रू-भंग प्रलय-सा जिसमें ये सब विकल रहे,
अरे! प्रकृति के शक्ति-चिह्न ये फिर भी कितने निबल रहे।
विकल हुआ-सा काँप रहा था, सकल भूत चेतन समुदाय,
उनकी कैसी बुरी दशा थी वे थे विवश और निरुपाय।
देव न थे हम और न ये हैं, सब परिवर्तन के पुतले,
हाँ कि गर्व-रय में तुरंग-सा, जितना जो चाहे जुत ले।'

"महानील इस परम व्योम में, अंतरिक्ष में ज्योतिर्मान,
ग्रह, नक्षत्र और विद्युत्कण किसका करते-से संधान!
छिप जाते हैं और निकलते आकर्षण में खिंचे हुए,
तृण, वीरुष लहलहे हो रहे किसके रस से सिंचे हुए?
सिर नीचा कर किसकी सत्ता सब करते स्वीकार यहाँ,
सदा मौन हो प्रवचन करते जिसका, वह अस्तित्व कहाँ?
हे अनंत रमणीय! कौन तुम? यह मैं कैसे कह सकता,

कैसे हो? क्या हो? इसका तो भार विचार न सह सकता।
हे विराट्! हे विश्वदेव! तुम कुछ हो, ऐसा होता भान---
मंद्र-गंभीर-धीर-स्वर-संयुत यही कर रहा सागर गान।"

"यह क्या मधुर स्वप्न-सी झिलमिल सदय हृदय में अधिक अधीर,
व्याकुलता-सी व्यक्त हो रही आशा बनकर प्राण-समीर!
यह कितनी स्पृहणीय बन गई मधुर जागरण-सी छविमान,
स्मिति की लहरों-सी उठती है नाच ही ज्यों मधुमय तान।
जीवन! जीवन! की पुकार है खेल रहा है शीतल-दाह---
किसके चरणों में नत होता नव प्रभात का शुभ उत्साह।
मैं हूं, यह वरदान सदृश क्यों लगा गूंजने कानों में!
मैं भी कहने लगा, 'मैं रहूं' शाश्वत नभ के गानों में।
यह संकेत कर रही सत्ता किसकी सरल विकास-मयी,
जीवन की लालसा आज क्यों इतनी प्रखर विलास-मयी?
तो फिर क्या मैं जिऊं और भी---जीकर क्या करना होगा?
देव! बता दो, अमर-वेदना लेकर कब मरना होगा?"
एक यवनिका हटी, पवन से प्रेरित मायापट जैसी।
और आवरण-मुक्त प्रकृति थी हरी-भरी फिर भी वैसी।
स्वर्ण शालियों की कलमें थीं दूर दूर तक फैल रहीं,
शरद-इंदिरा के मंदिर की मानो कोई गैल रही।

विश्व-कल्पना-सा   ऊँचा वह   सुख-शीतल-संतोष-निदान,
और डूबती-सी अचला का अवलंबन, मणि-रल-निधान।
अचल हिमालय का शोभनतम लता-कलित शुचि सानु-शरीर,
निद्रा में सुख-स्वप्न देखता जैसे पुलकित हुआ अधीर।
उमड़ रही जिसके चरणों में नीरवता की विमल विभूति,
शीतल झरनों की धाराएँ बिखरातीं जीवन-अनुभूति!
उस असीम नीले अंचल में देख किसी की मृदु मुसक्यान,
मानो हंसी हिमालय की है फूट चली करती कल गान।
शिला-संघियों में टकरा कर पवन भर रहा था गुंजार,
उस दुर्भेद्य अचल दृढ़ता का करता चारण-सदृश प्रचार।
संध्या-धनमाला की सुंदर ओढ़े रंग-बिरंगी छींट,
गगन-चुंबिनी शैल-श्रेणियाँ पहने हुए तुषार-किरीट।
विश्व-मौन, गौरव, महत्त्व की प्रतिनिधियों से भरी विभा,
इस अनंत प्रांगण में मानो जोड़ रही है मौन सभा।
वह अनंत नीलिमा व्योम की जड़ता-सी जो शांत रही,
दूर-दूर ऊँचे से ऊँचे निज अभाव में भ्रांत रही।
उसे दिखातीं जगती का सुख, हँसी, और उल्लास अजान,
मानो तुंग-तरंग विश्व की हिमगिरि की वह सुढर उठान।

थी अनंत की गोद सदृश जो विस्तृत गुहा वहाँ रमणीय,
उसमें मनु ने स्थान बनाया सुंदर, स्वच्छ और वरणीय।
पहला संचित अग्नि जल रहा पास मलिन-द्युति रवि-कर से,
शक्ति और जागरण-चिह्न-सा लगा धधकने अब फिर से।

जलने लगा निरंतर उनका अग्निहोत्र सागर के तीर,
मनु ने तप में जीवन अपना किया समर्पण हो कर धीर।
सजग हुई फिर से सुर-संस्कृति देव-यजन की वर माया,
उन पर लगी डालने अपनी कर्ममयी शीतल छाया।

उठे स्वस्थ मनु ज्यों उठता है क्षितिज बीच अरुणोदय कांत,
लगे देखने लुब्ध नयन से प्रकृति-विभूति मनोहर, शांत।
पाकयज्ञ करना निश्चित कर लगे शालियों को चुनने,
उधर वह्नि-ज्वाला भी अपना लगी धूमपट थी बुनने।
शुष्क डालियों से वृक्षों की अग्नि-अर्चियाँ हुई समिध्द,
आहुति के नव धूमगंध से नभ-कानन हो गया समृद्ध।
और सोचकर अपने मन में "जैसे हम हैं बचे हुए--
क्या आश्चर्य और कोई हो जीवन-लीला रचे हुए,"
अग्निहोत्र-अवशिष्ट अन्न कुछ कहीं दूर रख आते थे,
होगा इससे तृप्त अपरिचित समझ सहज सुख पाते थे।
दुःख का गहन पाठ पढ़कर अब सहानुभूति समझते थे,
नीरवता की गहराई में मग्न अकेले रहते थे।
मनन किया करते वे बैठे ज्वलित अग्नि के पास वहाँ,
एक सजीव, तपस्या जैसे पतझड़ में कर वास रहा।
फिर भी धड़कन कभी हृदय में होती चिंता कभी नवीन,
यों ही लगा बीतने उनका जीवन अस्थिर दिन-दिन दीन।
प्रश्न उपस्थित नित्य नये थे अंधकार की माया में,
रंग बदलते जो पल-पल में उस विराट् की छाया में।
अर्ध प्रस्फुटित उत्तर मिलते प्रकृति सकर्मक रही समस्त,
निज अस्तित्व बना रखने में जीवन आज हुआ था व्यस्त।
तप में निरत हुए मनु नियमित--कर्म लगे अपना करने,
विश्वरंग में कर्मजाल के सूत्र लगे घन हो घिरने।
उस एकांत नियति-शासन में चले विवश धीरे-धीरे,
एक शांत स्पंदन लहरों का होता ज्यों सागर-तीरे।
विजन जगत की तंद्रा में तब चलता था सूना सपना,
ग्रह-पथ के आलोक-वृत्त से काल जाल तनता अपना।
प्रहर, दिवस, रजनी आती थी चल जाती संदेश-विहीन,
एक विरागपूर्ण संस्कृति में ज्यों निष्फल आरंभ नवीन।
धवल,मनोहर चंद्रबिंब से अंकित सुंदर स्वच्छ निशीथ,
जिसमें शीतल पवन गा रहा पुलकित हो पावन उद्गीथ।
नीचे दूर-दूर विस्तृत था उर्मिल सागर व्यथित, अधीर,
अंतरिक्ष में व्यस्त उसी-सा रहा चंद्रिका-निधि गंभीर।

खुलीं उसी रमणीय दृश्य में अलस चेतना की आँखें,
हृदय-कुसुम की खिलीं अचानक मधु से वे भींगी पाँखें।
व्यक्त नील में चल प्रकाश का कंपन सुख बन बजता था,
एक अतींद्रिय स्वप्न-लोक का मधुर रहस्य उलझता था।
नव हो जगी अनादि वासना मधुर प्राकृतिक भूख-समान,

चिर-परिचित-सा चाह रहा था द्वंद्व सुखद करके अनुमान।
दिवा रात्रि या-मित्र वरुण की बाला का अक्षय श्रृंगार,
मिलन लगा हंसने जीवन के उर्मिल सागर के उस पार।
तप से संयम का संचित बल, तृषित और व्याकुल था आज-
अट्टहास कर उठा रिक्त का वह अधीर-तम-सूना राज।
धीर-समीर-परस से पुलकित विकल हो चला श्रांत-शरीर,
आशा की उलझी अलकों से उठी लहर मधुगंध अधीर।
मनु का मन था विकल हो उठा संवेदन से खाकर चोट,
संवेदन! जीवन जगती को जो कटुता से देता घोंट।

"आह! कल्पना का सुंदर यह जगत मधुर कितना होता!
सुख-स्वप्नों का दल छाया में पुलकित हो जगता-सोता।
संवेदन का और हृदय का यह संघर्ष न हो सकता,
फिर अभाव असफलताओं की गाथा कौन कहाँ बकता!
कब तक और अकेले? कह दो हे मेरे जीवन बोलो?
किसे सुनाऊँ कथा- कहो मत, अपनी निधि न व्यर्थ खोलो।।"

"तम के सुंदरतम रहस्य, हे कांति-किरण-रंजित तारा!
व्यथित विश्व के सात्विक शीतल बिंदु, भरे नव रस सारा।
आतप-तापित जीवन-सुख की" शांतिमयी छाया के देश,
हे अनंत की गणना! देते तुम कितना मधुमय संदेश!
आह शून्यते! चुप होने में तू क्यों इतनी चतुर हुई?
इंद्रजाल-जननी! रजनी तू क्यों अब इतनी मधुर हुई?'

"जब कामना सिंधु तट आई ले संध्या का तारा-दीप,
फाड़ सुनहली साड़ी उसकी तू हँसती क्यों अरी प्रतीप?
इस अनंत काले शासन का वह जब उच्छृंखल इतिहास,
आँसू औ' तम घोल लिख रही तू सहसा करती मृदु हास।
विश्व कमल की मृदुल मधुकरी रजनी तू किस कोने से---
आती चूम-चूम चल जाती पढ़ी हुई किस टोने से।
किस दिगंत रेखा में इतनी संचित कर सिसकी-सी साँस,
यों समीर मिस हांफ रही-सी चली जा रही किसके पास।
विकल खिलखिलाती है क्यों तू? इतनी हँसी न व्यर्थ बिखेर,
तुहिन कणों, फेनिल लहरों में, मच जावेगी फिर अंधेर।
घूँघट उठा देख मुसक्याती किसे ठिठकती-सी आती;
विजन गगत में किसी भूल-सी किसको स्मृति-पथ में लाती।
रजत-कुसुम के नव पराग-सी उड़ा न दे तू इतनी धूल---
इस ज्योत्स्ना की, अरी बावली तू इसमें जावेगी भूल।
पगली! हाँ सम्हाल ले, कैसे छूट पड़ा तेरा अंचल?
देख, बिखरती है मणिराजी—अरी उठा बेसुध चंचल।
फटा हुआ था नील' वसन क्या ओ यौवन की मतवाली!
देख, अंकिंचन जगत लूटता तेरी छवि भोली-भाली!
ऐसे अतुल अनंत विभव में जाग पड़ा क्यों तीव्र विराग?
या भूली-सी खोज रही कुछ जीवन की छाती के दाग!"

"मैं भी भूल गया हूं कुछ, हाँ स्मरण नहीं होता, क्या था?
प्रेम, वेदना, भ्रांति या कि क्या? मन जिसमें सुख सोता था!
मिले कहीं वह पड़ा अचानक उसको भी न लुटा देना;
देख तुझे भी दूँगा तेरा भाग, न उसे भुला देना!"

श्रद्धा

"कौन तुम? संसृति-जलनिधि तीर-तरंगों से फेंकी मणि एक,
कर रहे निर्जन का चुपचाप प्रभा की धारा से अभिषेक?
मधुर विश्रांत और एकांत--जगत का सुलझा हुआ रहस्य,
एक करुणामय सुंदर मौन और चंचल मन का आलस्य!'

सुना यह मनु ने मधुर गुंजार मधुकरी का-सा जब सानंद,
किये मुख नीचा कमल समान प्रथम कवि का ज्यों सुंदर छंद,
एक झिटका-सा लगा सहर्ष, निखरने लगे लुटे-से, कौन-
गा रहा यह सुंदर संगीत? कुतूहल रह न सका फिर मौन।
और देखा वह सुंदर दृश्य नयन का इंद्रजाल अभिराम,
कुसुम-वैभव में लता समान चंद्रिका से लिपटा घनश्याम।
हृदय की अनुकृति बाह्य उदार एक लंबी काया, उन्मुक्त
मधु-पवन-क्रीड़ित ज्यों शिशु साल, सुशोभित हो सौरभ-संयुक्त।
मसृण गांधार देश के नील रोम वाले मेषों के चर्म,
ढक रहे थे उसका वपु कांत बन रहा था वह कोमल वर्म।
नील परिधान बीच सुकुमार खुल रहा मृदुल अधखुला अंग,
खिला हो ज्यों बिजली का फूल मेघवन बीच गुलाबी रंग।
आह वह मुख! पश्चिम के व्योम बीच जब घिरते हों घनश्याम,
अरुण रवि-मंडल उनको भेद दिखाई देता हो छविधाम।
या कि, नव इंद्रनील लघु श्रृंग फोड़ कर धधक रही हो कांत-
एक लघु ज्वालामुखी अचेत माधवी रजनी में अश्रांत।
घिर रहे थे घुंघराले बाल अंस अवलंबित मुख के पास,
नील घनशावक-से सुकुमार सुधा भरने को विधु के पास।
और, उस मुख पर वह मुसक्यान! रक्त किसलय पर ले विश्राम-
अरुण की एक किरण अम्लान अधिक अलसाई हो अभिराम।
नित्य-यौवन छवि से ही दीप्त विश्व की करुण कामना मूर्त्ति,
स्पर्श के आकर्षण से पूर्ण प्रकट करती ज्यों जड़ में स्फूर्त्ति।
उषा की पहिली लेखा कांत, माधुरी से भींगी भर मोद,
मद भरी जैसे उठे सलज्ज भोर की तारक-द्युति की गोद।
कुसुम कानन अंचल में मंद—पवन प्रेरित सौरभ साकार,
रचित-परमाणु-पराग-शरीर खड़ा हो, ले मधु का आधार।
और, पड़ती हो उस पर शुभ्र नवल मधु-राका मन की साध,
हंसी का मदविह्वल प्रतिबिंब मधुरिमा खेला सदृश अबाध!

कहा मनु ने "नभ धरणी बीच बना जीवन रहस्य निरुपाय,

एक उल्का-सा जलता भ्रांत, शून्य में फिरता हूँ असहाय।
शैल निर्भर न बना हतभाग्य, गल नहीं सका जो कि हिम-खंड,
दौड़ कर मिला न जलनिधि-अंक आह वैसा ही हूँ पाषंड।
पहेली-सा जीवन है व्यस्त, उसे सुलझाने का अभिमान-
बताता है विस्मृति का मार्ग चल रहा हूँ बन कर अनजान।
भूलता ही जाता दिन-रात सजल-अभिलाषा-कलित अतीत,
बढ़ रहा तिमिर-गर्भ में नित्य, दीन जीवन का यह संगीत।
क्या कहूं, क्या हूँ मैं उद्भ्रांत? विवर में नील गगन के आज!
वायु की भटकी एक तरंग, शून्यता का उजड़ा-सा राज।
एक विस्मृति का स्तूप अचेत, ज्योति का धुंधला-सा प्रतिबिंब;
और जड़ता की जीवन-राशि, सफलता का संकलित विलंब।"

"कौन हो तुम वसंत के दूत विरस पतझड़ में अति सुकुमार!
घन-तिमिर में चपला की रेख, तपन में शीतल मंद बयार।
नखत की आशा-किरण समान, हृदय के कोमल कवि की कांत-
कल्पना की लघु लहरी दिव्य, कर रही मानस-हलचल शांत!"
लगा कहने आगंतुक व्यक्ति मिटाता उत्कंठा सविशेष,
दे रहा हो कोकिल सानंद सुमन को ज्यों मधुमय संदेश---

भरा था मन में नव उत्साह सीख ललित कला का ज्ञान,
इधर रह गंधर्वों के देश, पिता की हूं प्यारी संतान।
घूमने का मेरा अभ्यास बढ़ा था मुक्त-व्योम-तल नित्य,
कुतूहल खोज रहा था, व्यस्त[1] हृदय-सत्ता का सुंदर सत्य।
दृष्टि जब जाती हिमगिरि ओर प्रश्न करता मन अधिक अधीर,
धरा की यह सिकुड़न भयभीत आाह, कैसी है? क्या है पीर?
मधुरिमा में अपनी ही मौन एक सोया संदेश महान,
सजग हो करता था संकेत, चेतना मचल उठी अनजान।
बढ़ा मन और चले ये पैर, शैल-मालाओं का शृंगार,
आँख की भूख मिटी यह देख आह कितना सुंदर संभार!
एक दिन सहसा सिंधु अपार लगा टकराने नग तल क्षुब्ध,
अकेला यह जीवन निरुपाय आज तक घूम रहा विश्रब्ध।
यहाँ देखा कुछ बलि का अन्न, भूत-हित-रत किसका यह दान!
इधर कोई है अभी सजीव, हुआ ऐसा मन में अनुमान।
तपस्वी! क्यों इतने हो क्लांत? वेदना का यह कैसा वेग?
आह! तुम कितने अधिक हताश—बताओ यह कैसा उद्वेग!
हृदय में क्या है नहीं अधीर—लालसा जीवन की निश्शेष?
कर रहा वंचित कहीं न त्याग तुम्हें, मन में धर सुंदर वेश!
दुःख के डर से तुम अज्ञात जटिलताओं का कर अनुमान,
काम से झिझक रहे हो आज, भविष्यत् से बनकर अनजान!
कर रही लीलामय आनंद-महाचिति सजग हुई-सी व्यक्त,
विश्व का उन्मीलन अभिराम-इसी में सब होते अनुरक्त।

---

[1] व्यस्त = छिन्न : द्रष्टव्य-वृत्रो अशयदव्यस्तः-ऋगवेद 1-2-7, सायण ने व्यस्त के भाष्य में कहा है, 'व्यस्त: विविधं क्षिप्तं'।

काम-मंगल से मंडित श्रेय, सर्ग इच्छा का है परिणाम,
तिरस्कृत कर उसको तुम भूल बनाते हो असफल भवधाम।"

"दुःख की पिछली रजनी बीच विकसता सुख का नवल प्रभात,
एक परदा यह झीना नील छिपाये है जिसमें सुख गात।
जिसे तुम समझे हो अभिशाप, जगत की ज्वालाओं का मूल---
ईश का वह रहस्य वरदान, कभी मत इसको जाओ भूल।
विषमता की पीड़ा से व्यस्त हो रहा स्पंदित विश्व महान,
यही दुःख-सुख, विकास का सत्य यही भूमा का मधुमय दान।
नित्य समरसता का अधिकार उमड़ता कारण-जलधि समान,
व्यथा से नीली लहरों बीच बिखरते सुख-मणिगण द्युतिमान।"

लगे कहने मनु सहित विषाद---"मधुर मारुत-से ये उच्छ्वास
अधिक उत्साह तरंग अबाध उठाते मानस में सविलास।
किंतु जीवन कितना निरुपाय! लिया है देख, नहीं संदेह,
निराशा है जिसका परिणाम, सफलता का वह कल्पित गेह।"

कहा आगंतुक ने सस्नेह-"अरे, तुम इतने हुए अधीर!
हार बैठे जीवन का दाँव, जीतते मर कर जिसको वीर।
तप नहीं केवल जीवन-सत्य करुण यह क्षणिक दीन अवसाद,
तरल आकांक्षा से है भरा---सो रहा आशा का आह्लाद।
प्रकृति के यौवन का श्रृंगार करेंगे कभी न बासी फूल,
मिलेंगे वे जाकर अति शीघ्र आह उत्सुक है उनकी धूल।
पुरातनता का यह निर्भीक सहन करती न प्रकृति पल एक,
नित्य नूतनता का आनंद किये है परिवर्तन में टेक।
युगों की चट्टानों पर सृष्टि डाल पद चिह्न चली गंभीर,
देव, गंधर्व, असुर की पंक्ति अनुसरण करती उसे अधीर।"
"एक तुम, यह विस्तृत भू-खंड प्रकृति वैभव से भरा अमंद,
कर्म का भोग, भोग का कर्म, यही जड़ का चेतन--आनंद।
अकेले तुम कैसे असहाय यजन कर सकते? तुच्छ विचार।
तपस्वी! आकर्षण से हीन कर सके नहीं आत्म-विस्तार।
दब रहे हो अपने ही बोझ खोजते भी न कहीं अवलंब,
तुम्हारा सहचर बन कर क्या न उऋण होऊँ में बिना विलंब?
समर्पण लो--सेवा का सार, सजल-संसृति का यह पतवार,
आज से यह जीवन उत्सर्ग इसी पद-तल में विगत-विकार,
दया, माया, ममता लो आज, मधुरिमा लो, अगाध विश्वास,
हमारा हृदय-रत्न-निधि स्वच्छ तुम्हारे लिए खुला है पास।
बनो संसृति के मूल रहस्य, तुम्हीं से फैलेगी वह बेल,
विश्व-भर सौरभ से भर जाय सुमन के खेलो सुंदर खेल।"

"और यह क्या तुम सुनते नहीं विधाता मंगल वरदान--
'शक्तिशाली हो, विजयी बनो' विश्व में गूंज रहा जय-गान।
डरो मत, अरे अमृत संतान! अग्रसर है मंगलमय वृद्धि,
पूर्ण आकर्षण जीवन केंद्र खिंची आवेगी सकल समृद्धि।

देव-असफलताओं का ध्वंस प्रचुर उपकरण जुटाकर आज,
पड़ा है बन मानव-सम्पत्ति पूर्ण हो मन का चेतन-राज।
चेतना का सुंदर इतिहास--अखिल मानव भावों का सत्य,
विश्व के हृदय-पटल पर दिव्य-अक्षरों से अंकित हों नित्य।
विधाता की कल्याणी सृष्टि, सफल हो इस भूतल पर पूर्ण,
पटें सागर, बिखरें ग्रह-पुंज और ज्वालामुखियाँ हों चूर्ण।
उन्हें चिनगारी सदृश सदर्प कुचलती रहे खड़ी सानंद,
आज से मानवता की कीर्त्ति अनिल, भू जल में रहे न बंद।
जलधि के फूटें कितने उत्स—-द्वीप-कच्छप डूबें-उतरायँ,
किन्तु वह खड़ी रहे दृढ़-मूर्त्ति अभ्युदय का कर रही उपाय।
विश्व की दुर्बलता बल बने, पराजय का बढ़ता व्यापार--
हँसाता रहे उसे सविलास शक्ति का क्रीड़ामय संचार।
शक्ति के विद्त्कण जो व्यस्त[2] विकल बिखरे हैं, हो निरुपाय,
समन्वय उसका करे समस्त विजयिनी मानवता हो जाय!"

---

[2] देखिए--पादटिप्पणी, पृष्ठ 16

काम

"मधुमय वसंत जीवन-वन के, वह अंतरिक्ष की लहरों में,
कब आये थे तुम चुपके से रजनी के पिछले पहरों में?
क्या तुम्हें देख कर आते यों मतवाली कोयल बोली थी?
उस नीरवता में अलसाई कलियों ने आंखें खोली थी?
जब लीला से तुम सीख रहे कोरक-कोने में लुक रहना,
तब शिथिल सुरभि से धरणी में बिछलन न हुई थी? सच कहना!
जब लिखते थे तुम सरस हँसी अपनी, फूलों के अंचल में,
अपना कलकंठ मिलाते थे झरनों के कोमल कल-कल में।
निश्चिंत आह! वह था कितना, उल्लास, काकली के स्वर में!
आनंद प्रतिध्वनि गूंज रही जीवन दिगंत के अंबर में।
शिशु चित्रकार! चंचलता में, कितनी आशा चित्रित करते!
अस्पष्ट एक लिपि ज्योतिमयी--जीवन की आँखों में भरते।
लतिका घूँघट से चितवन की वह कुसुम-दुग्ध-सी मधु-धारा,
प्लावित करती मन-अजिर रही--था तुच्छ विश्व-वैभव सारा।
वे फूल और वह हँसी रही वह सौरभ, वह निश्वास छना,
वह कलरव, वह संगीत अरे वह कोलाहल एकांत बना!"

कहते-कहते कुछ सोच रहें लेकर निश्वास निराशा की--
मनु अपने मन की बात, रुकी फिर भी न प्रगति अभिलाषा की।

"ओ नील आवरण जगती के! दुर्बोध न तू ही है इतना,
अवगुंठन होता आँखों का आलोक रूप बनता जितना।
चल-चक्र वरुण का ज्योति-भरा व्याकुल तू क्यों देता फेरी?
तारों के फूल बिखरते हैं लटत हैं असफलता तेरी।
नव नील कुंज हैं झीम रहे कुसुमों की कथा न बन्द हुई,
है अंतरिक्ष आमोद भरा हिम-कणिका ही मकरंद हुई।
इस इंदीवर से गंध भरी बुनती जाली मधु की धारा,
मन-मधुकर की अनुरागमयी बन रही मोहिनी-सी कारा।
अणुओं को है विश्राम कहाँ यह कृतिमय वेग भरा कितना!
अविराम नाचता कंपन है, उल्लास सजीव हुआ कितना!
उन नृत्य-शिथिल-निश्वासों की कितनी है मोहमयी माया?
जिनसे समीर छनता-छनता बनता है प्राणों की छाया।
आकाश-रंध्र है पूरित-से यह सृष्टि गहन-सी होती है;
आलोक सभी मूर्च्छित सोते यह आँख थकी-सी रोती है।
सौंदर्य्यमयी चंचल कृतियाँ बनकर रहस्य हैं नाच रहीं,

मेरी आँखों को रोक वहीं आगे बढ़ने में जाँच रहीं।
मैं देख रहा हूँ जो कुछ भी वह सब क्या छाया उलझन है?
सुन्दरता के इस परदे में क्या अन्य धरा कोई धन है?
मेरी अक्षय निधि! तुम क्या हो पहचान सकूँगा क्या न तुम्हें?
उलझन प्राणों के धागों की सुलझन का समझूँ मान तुम्हें?
माधवी निशा की अलसाई अलकों में लुकते तारा-सी,
क्या ही सूने मरु-अंचल में अंतःसलिला की धारा-सी!
श्रुतियों में चुपके-चुपके से कोई मधु-धारा घोल रहा,
इस नीरवता के परदे में जैसे कोई कुछ बोल रहा।
है स्पर्श मलय के झिलमिल सा संज्ञा को और सुलाता है,
पुलकित हो आँखें बंद किये तंद्रा को पास बुलाता है।
व्रीड़ा है यह चंचल कितनी विभ्रम से घट खींच रही,
छिपने पर स्वयं मृदुल कर से क्यों मेरी आँखें मींच रही?
उद्बद्ध क्षितिज को श्याम छटा इस उदित शुक्र की छाया में,
ऊषा-सा कौन रहस्य लिये सोती किरनों की काया में!
उठती है किरनों के ऊपर कोमल किसलय की छाजन-सी,
स्वर का मधु-निस्वन रंध्रों में--जैसे कुछ दूर बजे बंसी।
सब कहते हैं--'खोलो-खोलो, छवि देखूँगा जीवन घन की'
आवरण स्वयं बनते जाते हैं भीड़ लग रही दर्शन की।
चाँदनी सदृश खुल जाय कहीं अवगुंठन आज सँवरता-सा,
जिसमें अनन्त कल्लोल भरा लहरों में मस्त विचरता-सा--
अपना फेनिल फन पटक रहा मणियों का जाल लुटाता-सा,
उन्निद्र दिखाई देता हो उन्मत्त हुआ कुछ गाता-सा।"

"जो कुछ हो, मैं न सम्हालूँगा इस मधुर भार को जीवन के,
आने दो कितनी आती हैं बाधाएँ दम-संयम बन के।
नक्षत्रो, तुम क्या देखोगे--इस ऊषा की लाली क्या है?
संकल्प भर रहा है उनमें सन्देहों की जाली क्या है?
कौशल यह कोमल कितना है सुषमा दुर्भेद्य बनेगी क्या?
चेतना इंद्रियों की मेरी मेरी ही हार बनेगी क्या?"

"पीता हूँ, हाँ, मैं पीता हूँ--यह स्पर्श, रूप, रस, गंध भरा,
मधु लहरों के टकराने से ध्वनि में है क्या गुंजार भरा।
तारा बनकर यह बिखर रहा क्यों स्वप्नों का उन्माद अरे!
मादकता-माती नींद लिये सोऊँ मन में अवसाद भरे।
चेतना शिथिल-सी होती है उन अंधकार की लहरों में---"
मनु डूब चले धीरे-धीरे रजनी के पिछले पहरो में।
उस दूर क्षितिज में सृष्टि बनी स्मृतियों की संचित छाया से,
इस मन को है विश्राम कहाँ! चंचल यह अपनी माया से।
जागरण-लोक था भूल चला स्वप्नों का सुख-संचार हुआ,
कौतुक-सा बन मनु के मन का वह सुन्दर क्रीड़ागार हुआ।
था व्यक्ति सोचता आलस में चेतना सजग रहती दुहरी,
कानों के कान खोल करके सुनती थी कोई ध्वनि गहरी।

"प्यासा हूँ, मैं अब भी प्यासा संतुष्ट ओष से मैं न हुआ,
आया फिर भी वह चला गया तृष्णा को तनिक न चैन हुआ।
देवों की सृष्टि विलीन हुई अनुशीलन में अनुदिन मेरे,
मेरा अतिचार न बंद हुआ उन्मत्त रहा सबको घेरे।
मेरी उपासना करते वे मेरा संकेत विधान बना,
विस्तृत जो मोह रहा मेरा वह देव-विलास-वितान तना।
मैं काम, रहा सहचर उनका उनके विनोद का साधन था,
हँसता था और हँसाता था उनका मैं कृतिमय जीवन था।
जो आकर्षण बन हँसती थी रति थी अनादि-वासना वही,
अव्यक्त-प्रकृति-उन्मीलन के अंतर में उसकी चाह रही।
हम दोनों का अस्तित्व रहा उस आरंभिक आवर्त्तन-सा,
जिससे संसृति का बनता है आकार रूप के नर्त्तन-सा।
उस प्रकृति-लता के यौवन में उस पुष्पवती के माधव का-
मधु-हास हुआ था वह पहला दो रूप मघुर जो ढाल सका।"

"वह मूल शक्ति उठ खड़ी हुई अपने आलस का त्याग किये,
परमाणु बाल सब दौड़ पड़े जिसका सुन्दर अनुराग लिये।
कुंकुम का चूर्ण उड़ाते से मिलने को गले ललकते से,
अंतरिक्ष में मधु-उत्सव के विद्रुत्कण मिले झलकते से।
वह आकर्षण, वह मिलन हुआ प्रारंभ माधुरी छाया में,
जिसको कहते सब सृष्टि, बनी मतवाली अपनी माया में।
प्रत्येक नाश-विश्लेषण भी संश्लिष्ट हुए, बन सृष्टि रही,
ऋतुपति के घर कुसुमोत्सव था—मादक मरंद की वृष्टि रही।
भुज-लता पड़ी सरिताओं की शैलों के गले सनाथ हुए,
जलनिधि का अंचल व्यजन बना धरणी का दो-दो साथ हुए।
कोरक अंकुर-सा जन्म रहा हम दोनों साथी झूम चले,
उस नवल-सर्ग के कानन में मृदु मलयानिल से फूल चले।
हम भूख-प्यास-से जाग उठे आकांक्षा-तृप्ति समन्वय में,
रति-काम बने उस रचना में जो रही नित्य-यौवन वय में।"
"सुरबालाओं को सखी रही उनकी हृत्तंत्री की लय थी
रति, उनके मन को सुलझाती वह राग-भरी थी, मधुमय थी।
मैं तृष्णा था विकसित करता, वह तृप्ति दिखाती थी उनको
आनंद-समन्वय होता था हम ले चलते पथ पर उनको।
वे अमर रहे न विनोद रहा, चेतनता रही, अनंग हुआ,
हूं भटक रहा अस्तित्व लिये संचित का सरल प्रसंग हुआ।"

"यह नीड़ मनोहर कृतियों का यह विश्व-कर्म रंगस्थल है,
है परंपरा लग रही यहाँ ठहरा जिसमें जितना बल है।
वे कितने ऐसे होते हैं जो केवल साधन बनते हैं,
आरंभ और परिणामों के संबंध सूत्र से बुनते हैं।
ऊषा की सजल गुलाली जो खुलती है नीले अंबर में,
वह क्या है? क्या तुम देख रहे वर्गों के मेघाडंबर में?
अंतर है दिन औ' रजनी का यह साधक-कर्म बिखरता है,

माया के नीले अंचल में आलोक बिंदु-सा झरता है।"

"आरंभिक वात्या-उद्भ्रम मैं अब प्रगति बन रहा संसृति का,
मानव की शीतल छाया में ऋणशोध करूँगा निज कृति का।
दोनों का समुचित परिवर्तन जीवन में शुद्ध विकास हुआ,
प्रेरणा अधिक अब स्पष्ट हुई जब विप्लव में पड़ ह्रास हुआ।
यह लीला जिसकी विकस चली वह मूलशक्ति थी प्रेम-कला,
उसका संदेश सुनाने को संसृति में आयी वह अमला।
हम दोनों की संतान वही--कितनी सुन्दर भोली-भाली,
रंगों ने जिनसे खेला हो ऐसे फूलों की वह डाली।
जड़-चेतनता की गाँठ वही सुलझन है भूल-सुधारों की।
वह शीतलता है शांतिमयी जीवन के ऊष्ण विचारों की।
उसको पाने की इच्छा हो तो योग्य बनो"--कहती-कहती,
वह ध्वनि चुपचाप हुई सहसा जैसे मुरली चुप हो रहती।
मनु आंख खोलकर पूछ रहे--" पथ कौन वहाँ पहुँचाता है?
उस ज्योतिमयी को देव! कहो कैसे कोई नर पाता है?
पर कौन वहाँ उत्तर देता! वह स्वप्न अनोखा भंग हुआ,
देखा तो सुन्दर प्राची में अरुणोदय का रस-रंग हुआ।
उस लता-कुंज की झिल-मिल से हेमाभरश्मि थी खेल रही,
देवों के सोम-सुधा-रस की मनु के हाथों में बेल रही।

वासना

चल पड़े कब से हृदय दो, पथिक-से अश्रांत,
यहाँ मिलने के लिए, जो भटकते थे भ्रांत।
एक गृहपति, दूसरा था अतिथि विगत-विकार,
प्रश्न था यदि एक, तो उत्तर द्वितीय उद्गार।
एक जीवन-सिंधु था, तो वह लहर लघु कलोल,
एक नवल प्रभात, तो वह स्वर्ण-किरण अमोल।
एक था आकाश वर्षा का सजल उद्दाम;
दूसरा रंजित किरण से श्री-कलित घनश्याम।
नदी-तट के क्षितिज में नव-जलद सायंकाल-
खेलता-दो बिजलियों से ज्यों मधुरिमा-जाल।
लड़ रहे अविरत युगल थे चेतना के पाश;
एक सकता था न कोई दूसरे को फाँस।
था समर्पण में ग्रहण का एक सुनिहित भाव,
थी प्रगति, पर अड़ा रहता था सतत अटकाव।
चल रहा था विजन-पथ पर मधुर जीवन-खेल,
दो अपरिचित से नियति अब चाहती थी मेल।
नित्य परिचित हो रहे तब भी रहा कुछ शेष,
गूढ़ अंतर का छिपा रहता रहस्य विशेष।
दूर, जैसे सघन वन-पथ-अंत का आलोक-
सतत होता जा रहा हो, नयन की गति रोक।

गिर रहा निस्तेज गोलक जलधि में असहाय,
धव-पटल में डूबता था किरण का समुदाय।
कर्म का अवसाद दिन से कर रहा छल-छंद,
मधुकरी का सुरस-संचय हो चला अब बंद।
उठ रही थी कालिमा धूसर क्षितिज से दीन,
भेंटता अंतिम अरुण आलोक-वैभव-हीन।
यह दरिद्र-मिलन रहा रच एक करुणा लोक,
शोक भर निर्जन निलय से बिछुड़ते थे कोक।
मनु अभी तक मनन करते थे लगाये ध्यान,
काम के संदेश से ही भर रहे थे कान।
इधर गृह में आ जुटे थे उपकरण अधिकार,
शस्य,पशु या धान्य का होने लगा संचार।
नई इच्छा खींच लाती,अतिथि का संकेत-

चल रहा था सरल-शासन युक्त-सुरुचि-समेत।
देखते हुए ये अग्निशाला से कुतूहल-युक्त,
मनु चमत्कृत निज नियति का खेल बंधन-मुक्त।

एक माया? आ रहा था पशु अतिथि के साथ,
हो रहा था मोह करुणा से सजीव सनाथ।
चपल कोमल-कर रहा फिर सतत पशु के अंग,
स्नेह से करता चमर-उद्ग्रीव हो वह संग।
कभी पुलकित रोमराजी से शरीर उछाल,
भांवरों से निज बनाता अतिथि सन्निधि जाल।
कभी निज भोले नयन से अतिथि बदन निहार,
सकल संचित-स्नेह देता दृष्टि-पथ से ढार।
और वह पुचकारने का स्नेह शबलित चाव,
मंजु ममता से मिला बन हृदय का सन्द्राव।
देखते-ही-देखते दोनों पहुंच कर पास,
लगे करने सरल शोभन मधुर मुग्ध विलास।
वह विराग-विभूति ईर्षा-पवन से हो व्यस्त,
बिखरती थी और खुलते ज्वलन-कण जो अस्त।
किन्तु यह क्या? एक तीखी घूँट, हिचकी आह।
कौन देता है हृदय में वेदनामय डाह?

आह यह पशु और इतना सरल सुंदर स्नेह!
पल रहे मेरे दिये जो अन्न से इस गेह।
मैं? कहाँ मैं? ले लिया करते सभी निज भाग,
और देते फेंक मेरा प्राप्य तुच्छ विराग!
अरी नीच कृतघ्नते? पिछल-शिला-संलग्न,
मलिन काई-सी करेगी हृदय कितने भग्न?
हृदय का राजस्व अपहृत कर अधम अपराध,
दस्यु मुझसे चाहते हैं सुख सदा निर्बाध।
विश्व में जो सरल सुंदर हो विभूति महान
सभी मेरी हैं, सभी करती रहें प्रतिदान।
यही तो, मैं ज्वलित वाडव-वह्नि नित्य-अशांत,
सिंधु लहरों सा करें शीतल मुझे सब शांत।"

आ गया फिर पास क्रीड़ाशील अतिथि उदार,
चपल शशव सा मनोहर भूल का ले भार।
कहा-"क्यों तुम अभी बैठे ही रहे धर ध्यान,
देखती हैं आँख कुछ, सुनते रहे कुछ कान--
मन कहीं, यह क्या हुआ है? आज कैसा रंग?"
नत हुआ फण दृप्त ईर्षा का, विलीन उमंग।
और सहलाने लगा कर-कमल कोमल कांत,
देख कर वह रूप-सुषमा मनु हुए कुछ शांत।
कहा--"अतिथि? कहाँ रहे तुम किधर थे अज्ञात?
और यह सहचर तुम्हारा कर रहा क्यों बात--?

किसी सुलभ भविष्य की, क्यों आज अधिक अधीर?
मिल रहा तुमसे चिरंतन स्नेह सा गंभीर?
कौन हो तुम खींचते यों मुझे अपनी ओर!
और ललचाते स्वयं हटते उधर की ओर!
ज्योत्स्ना-निर्भर! ठहरती ही नहीं यह आँख,
तुम्हें कुछ पहचानने की खो गयी-सी साख।
कौन करुण रहस्य है तुममें छिपा छविमान?
लता-वीरुध दिया करते जिसे छायादान।
पशु कि हो पाषाण सब में नृत्य का नव छंद,
एक आलिंगन बुलाता सभा को सानंद।
राशि-राशि बिखर पड़ा है शांत संचित प्यार,
रख रहा है उसे ढोकर दीन विश्व उधार।
देखता हूँ चकित जैसे ललित लतिका-लास,
अरुण घन की सजल छाया में दिनांत निवास--
और उसमें हो चला जैसे सहज सविलास,
मदिर माधव-यामिनी का धीर-पद-विन्यास।
आह यह जो रहा सूना पड़ा कोना दीन--
ध्वस्त मंदिर का, बसाता जिसे कोई भी न--
उसी में विश्राम माया का अचल आवास,
अरे यह सुख नींद कैसी, हो रहा हिम-हास!
वासना की मधुर छाया! स्वास्थ्य, बल, विश्राम!
हृदय की सौंदर्य्य-प्रतिमा! कौन तुम छविघाम!
कामना की किरन का जिसमें मिला हो ओज,
कौन हो तुम, इसी भूले हृदय की चिर-खोज!
कुंद-मंदिर-सी हँसी ज्यों खुली सुषमा बाँट;
क्यों न वैसे ही खुला यह हृदय रुद्ध-कपाट?

"कहा हँसकर--"अतिथि हूं मैं, और परिचय व्यर्थ,
तुम कभी उद्विग्न इतने थे न इसके अर्थ।
चलो, देखो वह चला आता बुलाने आज--
सरल हँसमुख विधु जलद-लघु-खंड-वाहन साज!
कालिमा घुलने लगी घुलने लगा आलोक,
इसी निभृत अनंत में बसने लगा अब लोक।
इस निशामुख की मनोहर सुधामय मुसक्यान,
देख कर सब भूल जायें दुःख के अनुमान।
देख लो, ऊँचे शिखर का व्योम-चुंबन-व्यस्त--
लौटना अंतिम किरण का और होना अस्त।
चलो तो इस कौमुदी में देव आवें आज,
प्रकृति का यह स्वप्न-शासन, साधना का राज।"

सृष्टि हँसने लगी आंखों में खिला अनुराग,
राग-रंजित चंद्रिका थी, उड़ा सुमन-पराग।
और सता था अतिथि मनु का पकड़कर हाथ,

चले दोनों के स्वप्न-पथ में, स्नेह-संबल साथ।
देवदारु निकुंज गह्वर सब सुधा में स्नात,
सब मनाते एक उत्सव जागरण की रात।
था रही थी मदिर भीनी माधवी की गंध,
पवन के घन घिरे पड़ते थे बने मधु-अंध।
शिथिल अलसाई पड़ी छाया निशा की कांत--
सो रही थी शिशिर कण की सेज पर विश्रांत।
उसी झुरमुट में हृदय की भावना थी भ्रांत,
जहाँ छाया सृजन करती थी कुतूहल कांत।

कहा मनु ने -"तुम्हें देखा अतिथि! कितनी बार,
किंतु इतने तो न थे तुम दबे छवि के भार!
पूर्व-जन्म कहें कि या स्पृहणीय मधुर अतीत
गूँजते जब मंदिर घन में वासना के गीत।
भूलकर जिस दृश्य को मैं बना आज अचेत,
वही कुछ सत्रीड़, सस्मित कर रहा संकेत।
'मैं तुम्हारा हो रहा' हूँ यही सुदृढ़ विचार,
चेतना का परिधि बनता धूम चक्राकार।
मधु बरसती विधु किरन है काँपती सुकुमार?
पवन में है पुलक, मंथर चल रहा मधु-भार।
तुम समीप, अधीर इतने आज क्यों है प्राण?
छक रहा है किस सुरभि से तृप्त होकर घ्राण?
आज क्यूंकि संदेह होता रूठने का व्यर्थ,
क्यों मनाना चाहता-सा बन रहा असमर्थ!
धमनियों में वेदना रक्त का संचार,
हृदय में है कंपती धड़कन, लिये लघु भार!
चेतना रंगीन ज्वाला परिधि में सानंद
मानती-सी दिव्य-कुछ गा रही है छंद।
अग्निकीट समान जलती है भरी उत्साह,
और जीवित है, न छाले हैं न उसमें दाह!
कौन हो तुम विश्व-माया-कुहक-सी साकार,
प्राण-सत्ता के मनोहर भेद-सी सुकुमार!
हृदय जिसकी कांत छाया में लिये निश्वास,
थके पथिक समान करता व्यजन ग्लानि विनाश।"

श्याम-नभ में मधु-किरण-सा फिर वही मृदु हास,
सिंधु की हिलकोर दक्षिण का समीर-विलास!
कुंज में गुंजरित कोई मुकुल सा अव्यक्त-
लगा कहने अतिथि, मन थे सुन रहे अनुरक्त-
"यह अतृप्ति अधीर मन की, क्षोभयुत उन्माद,
सखे! तुमुल-तरंग-सा उच्छ्वासमय संवाद।
मत कहो, पूछो न कुछ, देखो न कैसी मौन,
विमल राका-मूर्त्ति बन कर स्तब्ध में बैठा कौन!

विभव मतवाली प्रकृति का आवरण वह नील,
शिथिल है, जिस पर बिखरता प्रचुर मंगल खील।
राशि-राशि नखत-कुसुम की अर्चना अश्रांत,
बिखरती है, तामरस सुंदर चरण के प्रांत।

मनु निरखने लगे ज्यों-ज्यों यामिनी का रूप,
वह अनंत प्रगाढ़ छाया फैलती अपरूप,
बरसता था मदिर कण-सा स्वच्छ सतत अनंत,
मिलन का संगीत होने लगा था श्रीमंत।
छूटती चिनगारियां उत्तेजना उद्भ्रांत।
धधकती ज्वाला मधुर, था वक्ष विकल अशांत।
वातचक्र समान कुछ था बाँधता आवेश,
धैर्य का कुछ भी न मनु के हृदय में था लेश।

कर पकड़ उन्मत से हो लगे कहने--"आज,
देखता दूसरा कुछ मधुरिमामय साज!
वही छवि! हाँ वही जैसे! किंतु गया यह भूल?
रही विस्मृति-सिंधु में स्मृति-नाव विकल अकूल!
जन्म-संगिनि एक थी जो कामबाला नाम--
मधुर श्रद्धा था, हमारे प्राण को विश्राम--
सतत मिलता था उसी से, अरे जिसको फूल
दिया करते थे अर्घ में मकरंद सुषमा-मूल
प्रणय में भी बच रहे हम फिर मिलन का मौद
रहा मिलने को बचा सूने जगत की गोद!
ज्योत्स्ना सी निकल आई! पार कर नीहार,
प्रणय-विधु है खड़ा नभ में लिये तारक हार!
कुटिल कुंतल से बनाती कालमाया जाल--
नीलिमा से नयन की रचती तमिस्रा साल।
नींद-सी दुर्भेद्य तम की, फेंकती यह दृष्टि,
स्वप्न-सी है बिखर जाती हँसी की चल-सृष्टि।
हुई केंद्रीभूत-सी है साधना की स्फूर्त्ति,
दृढ़--सकल सुकुमारता में रम्य नारी-मूर्त्ति।
दिवाकर दिन या परिश्रम का विकल विश्रांत
मैं पुरुष, शिशु-सा भटकता आज तक था भ्रांत।
चंद्र की विश्राम राका बालिका-सी कांत,
विजयिनी सी दीखती तुम माधुरी-सी शांत।
पददलित-सी थकी व्रज्या ज्यों सदा आक्रांत,
शस्य-श्यामल भूमि में होती समाप्त अशांत।
आह! वैसा ही हृदय का बन रहा परिणाम,
पा रहा हूं आज देकर तुम्हीं से निज काम।
आज ले लो चेतना का यह समर्पण दान।
विश्व-रानी! सुंदरी नारी! जगत की मान!

धूम-लतिका-सी गगन-तरु पर न चढ़ती दीन,

दबी शिशिर-निशीथ में ज्यों ओस-भार नवीन।
झुक चली सब्रीड़ वह सुकुमारता के भार,
लद गई पाकर पुरुष का नर्ममय उपचार।
और वह नारीत्व का जो मूल मधु अनुभाव,
आज जैसे हँस रहा भीतर बढ़ाता चाव।
मधुर ब्रीडा-मिश्र चिंता साथ ले उल्लास,
हृदय का आनंद-कूजन लगा करने रास।
गिर रहीं पलकें, झुकी थी नासिका की नोक,
भ्रूलता थी कान तक चढ़ती रही बेरोक।
स्पर्श करने लगी लज्जा ललित कर्ण कपोल;
खिला पुलक कदंब सा था भरा गद्गद् बोल।
किन्तु बोली--"क्या समर्पण आज का हे देव!
बनेगा-- चिर-बंध-- नारी-हृदय-हेतु-- सदैव।
आह मैं दुर्बल, कहो क्या ले सकूंगी दान!
वह जिसे उपभोग करने में विकल हों प्रान?

लज्जा

"कोमल किसलय के अंचल में नन्हीं कलिका क्यों छिपती-सी,
गोधूली के धूमिल पट में दीपक के स्वर में दिपती-सी।
मंजुल स्वप्रों की विस्मृति में मन का उन्माद निखरता ज्यों-
सुरभित लहरों की छाया में बुल्ले का विभव बिखरता ज्यों-
वैसी ही माया में लिपटी अधरों पर उँगली धरे हुए,
माधव के सरस कुतूहल का आँखों में पानी भरे हुए।
नीरव निशीथ में लतिका-सी तुम कौन आ रही हो बढ़ती?
कोमल बाहें फैलाये-सी आलिंगन का जादू पढ़ती!
किन इंद्रजाल के फूलों से लेकर सुहागकण रागभरे,
सिर नीचा कर हो गूथ रही माला जिससे मधु धार ढरे?
पुलकित कदंब की माला-सी पहना देती हो अन्तर में,
झुक जाती है मन की डाली अपनी फलभरता के डर में।
वरदान सदृश हो डाल रही नीली किरनों से बुना हुआ,
यह अंचल कितना हलका-सा कितना सौरभ से सना हुआ।
सब अंग मोम से बनते हैं कोमलता में बल खाती हूँ,
मैं सिमट रही - सी अपने में परिहास-गीत सुन पाती हूँ।
स्मित बन जाती है तरल हँसी नयनों में भर कर बाँकपना,
प्रत्यक्ष देखती हूँ सब जो वह बनता जाता है सपना।
मेरे सपनों में कलरव का संसार आँख जब खोल रहा,
अनुराग समीरों पर तिरता था इतराता-सा डोल रहा।
अभिलाषा अपने यौवन में उठती उस सुख के स्वागत को,
जीवन भर के बल-वैभव से सत्कृत करती दुरागत को।
किरनों का रज्जु समेट लिया जिसका अवलम्बन ले चढ़ती;
रस के निर्झर में धँस कर मैं आनन्द-शिखर के प्रति बढ़ती।
छूने में हिचक, देखने में पलकें आँखों पर झुकती हैं,
कलरव परिहास भरी गूंजें अधरों तक सहसा रुकती हैं।
संकेत कर रही रोमाली चुपचाप बरजती खड़ी रही,
भाषा बन भौंहों की काली रेखा-सी भ्रम में पड़ी रही।
तुम कौन! हृदय की परवशता? सारी स्वतंत्रता छीन रही
स्वच्छंद सुमन जो खिले रहे जीवनवन से हो बीन रही!"
संध्या की लाली में हंसती, उसका ही आश्रय लेती-सी,
छाया प्रतिमा गुनगुना उठी श्रद्धा का उत्तर देती-सी।

"इतना न चमत्कृत हो बाले! अपने मन का उपकार करो,

मैं एक पकड़ है जो कहती ठहरो कुछ सोच-विचार करो।
अंबर-चुंबी हिम-श्रृंगों से कलरव कोलाहल साथ लिये,
विद्युत की प्राणमयी धारा बहती जिसमें उन्माद लिये।
मंगल कुंकुम की श्री जिसमें निखरी हो ऊषा की लाली
भोला सुहाग इठलाता हो ऐसा हो जिसमें हरियाली,
हो नयनों का कल्याण बना आनन्द सुमन-सा विकसा हो,
वासंती के वनवैभव में जिसका पंचमस्वर पिक-सा हो,
जो गूँज उठे फिर नस-नस में मूर्च्छना समान मचलता-सा,
आँखों के साँचे में आकर रमणीय रूप बन ढलता सा,
नयनों की नीलम की घाटी जिस रस धन से छा जाती हो,
वह कौंध कि जिससे अन्तर की शीतलता ठंडक पाती हो,
हिल्लोल भरा हो ऋतुपति का गोधूली की सी ममता हो,
जागरण प्रात-सा हँसता हो जिसमें मध्याह्न निखरता हो,
हो चकित निकल आई सहसा जो अपने प्राची के घर से,
उस नवल चंद्रिका-से बिछले जो मानस की लहरों पर से,
फूलों की कोमल पंखड़ियाँ बिखरें जिसके अभिनन्दन में,
मकरंद मिलाती हों अपना स्वागत के कुंकुम चन्दन में,
कोमल किसलय मर्मर-रव-से जिसका जयघोष सुनाते हों,
जिसमें दुःख-सुख मिलकर मन के उत्सव आनंद मनाते हों,
उज्ज्वल वरदान चेतना का सौन्दर्य जिसे सब कहते हैं,
जिसमें अनंत अभिलाषा के सपने सब जगते रहते हैं।
मैं उसी चपल की धात्री हूँ, गौरव महिमा हूँ सिखलाती,
ठोकर जो लगने वाली है उसको धीरे से समझाती,
मैं देव-सृष्टि की रति-रानी निज पंचबाण से वंचित हो,
बन आवर्जना-मूर्त्ति दीना अपनी अतृप्ति-सी संचित हो,
अवशिष्ट रह गई अनुभव में अपनी अतीत असफलता-सी,
लीला विलास की खेद-भरी अवसादमयी श्रम-दलिता-सी,
मैं रति की प्रतिकृति लज्जा हूँ मैं शालीनता सिखाती हूँ,
मतवाली सुन्दरता पग में नूपुर सी लिपट मनाती हूँ,
लाली बन सरल कपोलों में आँखों में अंजन सी लगती,
कुंचित अलकों सी घुंघराली मन की मरोर बनकर जगती,
चंचल किशोर सुन्दरता की मैं करती रहती रखवाली,
मैं वह हलकी सी मसलन हूँ जो बनती कानों की लाली।"

"हाँ, ठीक, परन्तु बताओगी मेरे जीवन का पथ क्या है?
इस निविड़ निशा में संसृति की आलोकमयी रेखा क्या है?
यह आज समझ तो पाई हूँ मैं दुर्बलता में नारी हूँ,
अवयव की सुन्दर कोमलता लेकर मैं सबसे हारी हूँ।
पर मन भी क्यों इतना ढीला अपने ही होता जाता है,
घनश्याम-खंड-सी आँखों में क्यों सहसा जल भर आता है?
सर्वस्व-समर्पण करने की विश्वास-महा-तरु-छाया में,
चुपचाप पड़ी रहने की क्यों ममता जगती है माया में?
छायापथ में तारक-द्युति सी झिलमिल करने की मधु-लीला;

अभिनय करती क्यों इस मन में कोमल निरीहता श्रम-शीला?
निस्संबल होकर तिरती हूँ इस मानस की गहराई में,
चाहती नहीं जागरण कभी सपने की इस सुघराई में।
नारी जीवन का चित्र यही क्या? विकल रंग भर देती हो,
अस्फुट रेखा की सीमा में आकार कला को देती हो।
रुकती हूं और ठहरती हूं पर सोचविचार न कर सकती,
पगली-सी कोई अंतर में बैठी जैसे अनुदिन बकती।
मैं जभी तोलने का करती उपचार स्वयं तुल जाती हूं,
भुजलता फँसा कर नर-तरु से झूले-सी झोंके खाती।
इस अर्पण में कुछ और नहीं केवल उत्सर्ग छलकता है,
मैं दे दूँ और न फिर कुछ लूँ इतना ही सरल झलकता है।"

"क्या कहती हो ठहरो नारी! संकल्प अश्रु-जल-से अपने--
तुम दान कर चुकी पहले ही जीवन के सोने-से सपने।
नारी! तुम केवल श्रद्धा हो विश्वास-रजत-नग पगतल में,
पीयूष-स्रोत-सी बहा करो जीवन के सुंदर समतल में।
देवों की विजय, दानवों की हारों का होता युद्ध रहा,
संघर्ष सदा उर-अंतर में जीवित रह नित्य-विरुद्ध रहा।
आँसू से भींगे अंचल पर मन का सब कुछ रखना होगा--
तुमको अपनी स्मित रेखा से यह संधिपत्र लिखना होगा।"

कर्म

कर्मसूत्र-संकेत सदृश थी सोमलता तब मनु को,
चढ़ी शिंजिनी सी, खींचा फिर उसने जीवन-धनु को।
हुए अग्रसर उसी मार्ग में छुटे-तीर-से फिर वे,
यज्ञ-यज्ञ की कटु पुकार से रह न सके अब थिर वे।

भरा कान में कथन काम का मन में नव अभिलाषा,
लगे सोचने मनु—अतिरंजित उमड़ रही थी आशा।
ललक रही थी ललित लालसा सोमपान की प्यासी,
दिन के उस दीन विभव में जैसे बनी उदासी।
जीवन की अविराम साधना भर उत्साह खड़ी थी,
ज्यों प्रतिकूल पवन में तरणी गहरे लौट पड़ी थी।
श्रद्धा के उत्साह वचन, फिर काम-प्रेरणा मिल के।
भ्रांत अर्थ बन आगे आये बने ताड़ थे तिल के।
बन जाता सिद्धांत प्रथम-फिर पुष्टि हुआ करती है,
बुद्धि उसी ऋण को सबसे ले सदा भरा करती है।
मन जब निश्चित-सा कर लेता कोई मत है अपना,
बुद्धि दैवबल से प्रमाण का सतत निरखता सपना।
पवन वही हिलकोर उठाता वही तरलता जल में।
वही प्रतिध्वनि अंतरतम की छा जाती नभ थल में।
सदा समर्थन करती उसकी तर्कशास्त्र की पीढ़ी,
"ठीक यही है सत्य! यही है उन्नति सुख की सीढ़ी।
और सत्य। यह एक शब्द तू कितना गहन हुआ है?
मेधा के क्रीड़ा-पंजर का पाला हुआ सुआ है।
सब बातों में खोज तुम्हारी रट-सी लगी हुई है,
किन्तु स्पर्श से तर्क-करों के बनता 'छुईमुई' है।
असुर पुरोहित उस विप्लव से बच कर भटक रहे थे,
वे किलात--आकुलि थे--जिनने कष्ट अनेक सहे थे।
देखदेख कर मनु का पशु जो व्याकुल चंचल रहती--
उनकी आमिष-लोलुप-रसना आंखों से कुछ कहती।
'क्यों किलात! खाते-खाते तृण और कहाँ तक जीऊँ,
कब तक मैं देखूँ जीवित पशु घूँट लहू का पीऊँ!
क्या कोई इसका उपाय ही नहीं कि इसको खाऊँ?
बहुत दिनों पर एक बार तो सुख की बीन बजाऊँ।
आकुलि ने तब कहा- 'देखते नहीं, साथ में उसके

एक मृदुलता की, ममता की छाया रहती हँस के।
अंधकार को दूर भगाती वह आलोक किरन-सी,
मेरी माया बिंध जाती है जिससे हलके घन-सी।
तो भी चलो आज कुछ करके तब मैं स्वस्थ रहूंगा,
या जो भी आयेंगे सुख-दुःख उनको सहज सहूंगा।
यों ही दोनों कर विचार उस कुंज द्वार पर आये,
जहाँ सोचते थे मनु बैठे मन से ध्यान लगाये।

"कर्म-यज्ञ से जीवन के सपनों का स्वर्ग मिलेगा,
इसी विपिन में मानस की आशा का कुसुम खिलेगा।
किन्तु बनेगा कौन पुरोहित? अब यह प्रश्न नया है,
किस विधान से करूँ यज्ञ यह पथ किस ओर गया है।
श्रद्धा! पुण्य-प्राप्य है मेरी वह अनंत अभिलाषा,
फिर इस निर्जन में खोजे अब किसको मेरी आशा!

कहा असुर मित्रों ने अपना मुख गंभीर बनाये--
"जिनके लिए यज्ञ होगा हम उनके भेजे आये।
यजन करोगे क्या तुम? फिर यह किसको खोज रहे हो?
अरे पुरोहित की आशा में कितने कष्ट सहे हो।
इस जगती के प्रतिनिधि जिनसे प्रगट निशीथ सबेरा--
'मित्र--वरुण' जिनकी छाया है यह आलोक-अंधेरा।
वे ही पथ-दर्शक हों सब विधि पूरी होगी मेरी,
चलो आज फिर से वेदी पर हो ज्वाला की फेरी।"

"परंपरागत कर्मों की वे कितनी सुन्दर लड़ियाँ,
जीवन-साधन की उलझी हैं जिसमें सुख की घड़ियाँ,
जिनमें हैं प्रेरणामयी-सी संचित कितनी कृतियाँ
पुलक भरी सुख देने वाली बन कर मादक स्मृतियां।
साधारण से कुछ अतिरंजित गति में मधुर त्वरा-सी
उत्सव-लीला, निर्जनता की जिससे कटे उदासी।
एक विशेष प्रकार कुतूहल होगा श्रद्धा को भी।
प्रसन्नता से नाच उठा मन नूतनता का लोभी।"

यज्ञ समाप्त हो चुका तो भी धधक रही थी ज्वाला,
दारुण-दृश्य? रुधिर के छींटे अस्थि खंड की माला।
बेदी की निर्मम प्रसन्नता, पशु की कातर वाणी,
मिलकर वातावरण बना था कोई कुत्सित प्राणी।
सोमपात्र भी भरा, धरा था। पुरोडाश भी आगे,
श्रद्धा वहां न थी मनु के तब सुप्त भाव सब जागे।

"जिसका था उल्लास निरखना वही अलग जा बैठी,
यह सब क्यों फिर! तृप्त-वासना लगी गरजने ऐंठी।
जिसमें जीवन का संचित सुख सुन्दर मूर्त बना है,
हृदय खोलकर कैसे उसको कहूं कि वह अपना है।

वही प्रसन्न नहीं : रहस्य कुछ इसमें सुनिहित होगा,
आज वही पशु मर कर भी क्या सुख में बाधक होगा।
श्रद्धा रूठ गयी तो फिर क्या उसे मनाना होगा,
या वह स्वयं मान जायेगी, किस पथ जाना होगा।"
पुरोडाश के साथ सोम का पान लगे मनु करने,
लगे प्राण के रिक्त अंश को मादकता से भरने।

संध्या की धूसर छाया में शैल श्रृंग की रेखा,
अंकित थी दिगंत अंबर में लिये मलिन शशि-लेखा।
श्रद्धा अपनी शयन-गुहा में दुखी लौट कर आयी,
एक विरक्ति-बोझ सी ढोती मन ही मन बिलखायी।
सूखी काष्ठ संधि में पतली अनल शिखा जलती थी,
उस धुंधले गृह में आभा से, तामस को छलती थी।
किन्तु कभी बुझ जाती पाकर शीत पवन के झोंके,
कभी उसी से जल उठती तब कौन उसे फिर रोके?
कामायनी पड़ी थी अपना कोमल चर्म बिछा के,
श्रम मानो विश्राम कर रहा मृदु आलस को पा के।
धीरे-धीरे जगत चल रहा अपने उस ऋजुपथ में,
धीरे-धीरे खिलते तारे मृग जुतते विघुरथ में!
अंचल लटकाती निशीथिनी अपना ज्योत्स्ना-शाली
जिसकी छाया में सुख पावे सृष्टि वेदना वाली।
उच्च शैलशिखरों पर हंसती प्रकृति चंचला बाला
धवल हंसी बिखराती अपना फैला मधुर उजाला।
जीवन की उद्दाम लालसा उलझी जिसमें ब्रीड़ा,
एक तीव्र उन्माद और मन मथने वाली पीड़ा।
मधुर विरक्ति भरी आकुलता, घिरती हृदय-गगन में
अंतर्दाह स्नेह का तब भी होता था उस मन में।
वे असहाय नयन थे खुलते—मुंदते भीषणता में,
आज स्नेह का पात्र खड़ा था स्पष्ट कुटिल कटुता में।

"कितना दुःख जिसे मैं चाहूँ वह कुछ और बना हो;
मेरा मानस-चित्र खींचना सुन्दरसा सपना हो।
जाग उठी है दारुण-ज्वाला इस अनंत मधुवन में,
कैसे बुझे कौन कह देगा इस नीरव निर्जन में?
यह अनंत अवकाश नीड़-सा जिसका व्यथित बसेरा,
वही वेदना सजग पलक में भर कर अलस सबेरा
काँप रहे हैं चरण पवन के, विस्तृत नीरवता-सी--
घुली जा रही है दिशि-दिशि की नभ में मलिन उदासी।
अंतरतम की प्यास विकलता से लिपटी बढ़ती है,
युगयुग की असफलता का अवलंबन ले चढ़ती है।
विश्व विपुल-आतंक-त्रस्त है अपने ताप विषम-से,
फैल रही है घनी नीलिमा अंतर्दाह परम-से।
उद्वेलित है उदधि, लहरियाँ लोट रहीं व्याकुल-सी

चक्रवाल की धुंधली रेखा मानो जाती झुलसी।
सघन घूम कुंडल में कैसी नाच रही यह ज्वाला,
तिमिर फणी पहने है मानो अपने मणि की माला!
जगती-तल का सारा कुंदन यह विषमयी विषमता
चुभने वाला अंतरंग छल अति दारुण निर्ममता।
जीवन के वे निष्ठर दंशन जिनकी आतुर पीड़ा,
कलुष-चक्र सी नाच रही है बन आंखों की क्रीड़ा।
स्खलन चेतना के कौशल का भूल जिसे कहते हैं,
एक बिंदु, जिसमें विषाद के नद उमड़े रहते हैं।
आह वही अपराध जगत की दुर्बलता की माया,
धरणी की वर्जित मादकता, संचित तम की छाया।
नील गरल से भरा हुआ यह चंद्र कपाल लिये हो,
इन्हीं निमीलित तारओं में कितनी शांति पिये हो।
अखिल विश्व का विष पीते हो सृष्टि जियेगी फिर से,
कहो अमर शीतलता इतनी आती तुम्हें किधर से?
अचल अनंत नील लहरों पर बैठे आसन मारे,
देव! कौन तुम, झरते तन से श्रमकण से ये तारे!
इन चरणों में कर्मकुसुम की अंजलि वे दे सकते,
चले आ रहे छायापथ में लोक-पथिक जो थकते,
किन्तु कहाँ वह दुर्लभ उनको स्वीकृति मिली तुम्हारी?
लौटाये जाते वे असफल जैसे नित्य भिखारी!
प्रखर विनाशशील नर्तन में विपुल विश्व की माया,
क्षण-क्षण होती प्रकट नवीना बन कर उसकी काया।
सदा पूर्णता पाने को सब भूल किया करते क्या?
जीवन में यौवन लाने को जी-जी कर मरते क्या?
यह व्यापार महागतिशाली कहीं नहीं बसता क्या?
क्षणिक विनाशों में स्थिरमंगल चुपके से हँसता क्या?
यह विराग संबंध हृदय का कैसी यह मानवता!
प्राणी को प्राणी के प्रति बस बची रही निर्ममता!
जीवन का संतोष अन्य का रोदन बन हंसता क्यों?
एक-एक विश्राम प्रगति को परिकरसा कसता क्यों?
दुर्व्यवहार एक का कैसे अन्य भूल जावेगा,
कौन उपाय! गरल को कैसे अमृत बना पावेगा!"

जाग उठी थी तरल वासना मिली रही मादकता,
मनु को कौन वहाँ आने से भला रोक अब सकता!
खुले मसृण भुजमूलों से वह आमंत्रण था मिलता,
उन्नत वक्षों में आलिंगन सुख लहरोंसा तिरता।
नीचा हो उठता जो धीमे-धीमे निःश्वासों में,
जीवन का ज्यों ज्वार उठ रहा हिमकर के हासों में।
जागृत था सौंदर्य यद्यपि वह सोती थी सुकुमारी,
रूप-चंद्रिका में उज्ज्वल थी आज निशासी नारी।
वे मांसल परमाणु किरण से विदित थे बिखराते,

अलकों की डोरी में जीवन कण-कण उलझे जाते।
विगत विचारों के श्रम-सीकर बने हुए थे मोती,
मुख मण्डल पर करुण कल्पना उनको रही पिरोती।
छूते थे मनु और कंटकित होती थी वह बेली,
स्वस्थ-व्यथा की लहरों-सी जो अंग-लता थी फैली।
वह पागल सुख इस जगती का आज विराट बना था,
अंधकार-मिश्रित प्रकाश का एक वितान तना था।
कामायनी जगी थी कुछ-कुछ खोकर सब चेतनता,
मनोभाव आकार स्वयं ही रहा बिगड़ता बनता।
जिसके हृदय सदा समीप है वही दूर जाता है,
और क्रोध होता उस पर ही जिससे कुछ नाता है।
प्रिय को ठुकरा कर भी मन की माया उलझा लेती,
प्रणय-शिला प्रत्यावर्तन में उसको लौटा देती।

जलदागम-मारुत से कंपित पल्लव सदृश हथेली,
श्रद्धा की, धीरे से मनु ने अपने कर में ले ली।
अनुनय वाणी में, आंखों में उपालंभ की छाया,
कहने लगे-"अरे यह कैसी मानवती की माया!
स्वर्ग बनाया है जो मैंने उसे न विफल बनाओ,
अरी अप्सरे! उस अतीत के नूतन गान सुनाओ।
इस निर्जन में ज्योत्स्ना-पुलकित विदृत नभ के नीचे,
केवल हम तुम-और कौन है? रहो न आँखें मींचे।
आकर्षण से भरा विश्व यह केवल भोग्य हमारा,
जीवन के दोनों कूलों में बहे वासना धारा।
श्रम की, इस अभाव की जगती उसकी सब आकुलता,
जिस क्षण भूल सकें हम अपनी यह भीषण चेतनता।
वही स्वर्ग की बन अनंतता मुसक्याता रहता है,
दो बूंदो में जीवन का रस लो बरबस बहता है।
देवों को अर्पित मधु-मिश्रित सोम, अधर से छू लो,
मादकता दोला पर प्रेयसी! आओ मिलकर झूलो।"

श्रद्धा जाग रही थी तब भी छाई थी मादकता,
मधुर-भाव उसके तन-मन में अपना हो रस छकता,
बोली एक सहज मुद्रा से यह तुम क्या कहते हो,
आज अभी तो किसी भाव की धारा में बहते हो।
कल ही यदि परिवर्तन होगा तो फिर कौन बचेगा!
क्या जाने कोई साथी बन नूतन यज्ञ रचेगा।

और किसी की फिर बलि होगी किसी देव के नाते,
कितना धोखा! उससे तो हम अपना ही सुख पाते।
ये प्राणी जो बचे हुए हैं इस अचला जगती के,
उनके कुछ अधिकार नहीं क्या वे सब ही हैं फीके?
मनु! क्या यही तुम्हारी होगी उज्ज्वल नव मानवता।
जिसमें सब कुछ ले लेना हो हंत! बची क्या शवता।"

तुच्छ नहीं है अपना सुख भी श्रद्धे! वह भी कुछ है,
दो दिन के इस जीवन का तो वही चरम सब कुछ है।
इंद्रिय की अभिलाषा जितनी सतत सफलता पावे,
जहां हृदय की तृप्ति-विलासिनि मधुर-मधुर कुछ गावे।
रोम-हर्ष हो उस ज्योत्स्ना में मृदु मुसक्यान खिले तो,
आशाओं पर श्वास निछावर होकर गले मिले तो।
विश्व-माधुरी जिसके सम्मुख मुकुर बनी रहती हो,
वह अपना सुख-स्वर्ग नहीं है! यह तुम क्या कहती हो?
जिसे खोजता फिरता मैं इस हिमगिरि के अंचल में,
वही अभाव स्वर्ग बन हंसता इस जीवन चंचल में।
वर्तमान जीवन के सुख से योग जहाँ होता है,
छली-अदृष्ट अभाव बना क्यों वहीं प्रकट होता है।
किंतु सकल कृतियों की अपनी सीमा हैं हम ही तो,
पूरी हो कामना हमारी, विफल प्रयास नहीं तो।"

एक अचेतनता लाती सी सविनय श्रद्धा बोली--
"बचा जान यह भाव सृष्टि ने फिर से आँखें खोली!
भेद-बुद्धि निर्मम ममता की समझ, बची ही होगी,
प्रलय-पयोनिधि की लहरें भी लौट गयी ही होंगी।
अपने में सब कुछ भर कैसे व्यक्ति विकास करेगा,
यह एकांत स्वार्थ भीषण है अपना नाश करेगा।
औरों को हंसते देखो मनु--हंसो और सुख पाओ,
अपने सुख को विस्तृत कर लो सब को सुखी बनाओ!
रचना-मूलक सृष्टि-यज्ञ यह यज्ञ-पुरुष का जो है,
संसृति-सेवा भाग हमारा उसे विकसने को है!
सुख को सीमित कर अपने में केवल दुःख छोड़ोगे,
इतर प्राणियों की पीड़ा लख अपना मुंह मोड़ोगे,
ये मुद्रित कलियाँ दल में सब सौरभ बंदी कर लें,
सरस न हों मकरंद बिंदु से खुल कर, तो ये मर लें--
सूखे, झड़े और तब कुचले सौरभ को पाओगे,
फिर आमोद कहाँ से मधुमय वसुधा पर लाओगे।
सुख अपने संतोष के लिए संग्रह-मूल नहीं है,
उसमें एक प्रदर्शन जिसको देखें अन्य, वही है।
निर्जन में क्या एक अकेले तुम्हें प्रमोद मिलेगा?
नहीं इसी से अन्य हृदय का कोई सुमन खिलेगा।
सुख-समीर पाकर, चाहे हो वह एकांत तुम्हारा,
बढ़ती है सीमा संसृति की बन मानवता-धारा।"

हृदय हो रहा था उत्तेजित बातें कहते-कहते,
श्रद्धा के थे अधर सूखते मन की ज्वाला सहते।
उधर सोम का पात्र लिये मनु समय देखकर बोले-
"श्रद्धे! पी लो इसे बुद्धि के बंधन को जो खोले।
वही करूँगा जो कहती हो सत्य, अकेला सुख क्या!

यह मनुहार! रुकेगा प्याला पीने से फिर मुख क्या?"

आँखे प्रिय आँखों में, डूबे अरुण अधर थे रस में
हृदय काल्पनिक-विजय में सुखी चेतनता नस-नस में।
छल-वाणी की वह प्रवंचना हृदयों की शिशुता को,
खेल खिलाती, भुलवाती जो उस निर्मल विभुता को,
जीवन का उद्देश्य, लक्ष्य की प्रगति दिशा को पल में
अपने एक मधुर इंगित से बदल सके जो छल में--
वही शक्ति अवलंब मनोहर निज मनु को थी देती,
जो अपने अभिनय से मन को सुख में उलझा लेती।

"श्रद्धे, होगी चंद्रशालिनी यह भव-रजनी भीमा,
तुम बन जाओ इस जीवन के मेरे सुख की सीमा।
लज्जा का आवरण प्राण को ढंक लेता है तम से,
उसे अकिंचन कर देता है अलगाता 'हम तुम' से
कुचल उठा आनंद,—यही है बाधा, दूर हटाओ,
अपने ही अनुकूल सुखों को मिलने दो मिल जाओ।"

और एक फिर व्याकुल चुंबन रक्त खौलता जिससे,
शीतल प्राण धधक उठते हैं तृषा-तृप्ति के मिस से।
दो काठों की संधि बीच उस निभृत गुफा में अपने,
अग्निशिखा बुझ गई, जागने पर जैसे सुख सपने।

ईर्ष्या

पल भर की उस चंचलता ने खो दिया हृदय का स्वाधिकार,
श्रद्धा की अब वह मधुर निशा फैलाती निष्फल अंधकार!
मनु को अब मृगया छोड़ नहीं रह गया और था अधिक काम,
लग गया रक्त था उस मुख में--हिंसा-सुख लाली से ललाम।
हिंसा ही नहीं--और भी कुछ वह खोज रहा था मन अधीर,
अपने प्रभुत्व की सुख सीमा जो बढ़ती हो अवसाद चीर।
जो कुछ मनु के करतलगत था उसमें न रहा कुछ भी नवीन,
श्रद्धा का सरल विनोद नहीं रुचता अब था बन रहा दीन।
उठती अंतस्तल से सदैव दुर्ललित लालसा जो कि कांत,
वह इंद्रचाप-सी झिलमिल हो दब जाती अपने आप शांत।

"निज उद्दम का मुख बंद किये कब तक सोयेंगे अलस प्राण,
जीवन की चिर चल पुकार रोये कब तक, है कहाँ त्राण!
श्रद्धा का प्रणय और उसकी आरंभिक सीधी अभिव्यक्ति,
जिसमें व्याकुल आलिंगन का अस्तित्व न तो है कुशल सूक्ति!
भावनामयी वह स्फूर्त्ति नहीं नव-नव स्मित रेखा में विलीन!
अनुरोध न तो उल्लास, नहीं कुसुमोद्गम-सा कुछ भी नवीन!
आती है वाणी में न कभी वह चाव भरी लीला-हिलोर,
जिसमें नूतनता नृत्यमयी इठलाती हो चंचल मरोर।
जब देखो बैठी हुई वहीं शालियाँ बीन कर नहीं श्रांत,
या अन्न इकट्ठे करती है होती न तनिक सी कभी क्लांत।
बीजों का संग्रह और इधर चलती है तकली भरी गीत,
सब कुछ लेकर बैठी है वह, मेरा अस्तित्व हुआ अतीत!"

लौटे थे मृगया से थक कर दिखलाई पड़ता गुफाद्वार,
पर और न आगे बढ़ने की इच्छा होती, करते विचार!
मृग डाल दिया, फिर धनु को भी, मनु बैठ गये शिथिलित शरीर,
बिखरे थे सब उपकरण वहीं आयुध, प्रत्यंचा, श्रृंग, तीर।

"पश्चिम की रागमयी संध्या अब काली है हो चली, किन्तु,
अब तक आये न अहेरी वे क्या दूर ले गया चपल जंतु"--
यों सोच रही मन में अपने हाथों में तकली रही घूम,
श्रद्धा कुछ-कुछ अनमनी चली अलकें लेतीं थीं गुल्फ चूम।
केतकी-गर्भ-सा पीला मुंह आंखों में आलस भरा स्नेह,
कुछ कृशता नई लजीली थी कंपित लतिका-सी लिये देह!

मातृत्व-बोझ से झुके हुए बंध रहे पयोधर पीन आज,
कोमल काले ऊनों की नवपट्टिका बनाती रुचिर साज,
सोने की सिकता में मानो कालिंदी बहती भर उसाँस।
स्वर्गंगा में इंदीवर की या एक पंक्ति कर रही हास!
कटि में लिपटा था नवल-वसन वैसा ही हलका बुना नील।
दुर्भर थी गर्भ-मधुर पीड़ा झेलती जिसे जननी सलील।
श्रम-बिन्द बना सा झलक रहा भावी जननी का सरस गर्व,
बन कुसुम बिखरते थे भू पर आया समीप था महापर्व।
मनु ने देखा जब श्रद्धा का वह सहज-खेद से भरा रूप,
अपनी इच्छा का दृढ़ विरोध--जिसमें वे भाव नहीं अनूप।
वे कुछ भी बोले नहीं, रहे चुपचाप देखते साधिकार,
श्रद्धा कुछ कुछ मुस्कुरा उठी ज्यों जान गई उनका विचार।

'दिन भर थे कहां भटकते तुम' बोली श्रद्धा भर मधुर स्नेह--
यह हिंसा इतनी है प्यारी जो भुलवाती है देह-गेह।
मैं यहां अकेली देख रही पथ, सुनती-सी पद-ध्वनि नितांत,
कानन में जब तुम दौड़ रहे मृग के पीछे बन कर अशांत!
ढल गया दिवस पीला पीला तुम रक्तारूण बन रहे घूम!
देखो नीड़ों में विहग-युगल अपने शिशुओं को रहे चूम!
उनके घर में कोलाहल है मेरा सूना है गुफा-द्वार!
तुमको क्या ऐसी कमी रही जिसके हित जाते अन्य-द्वार?"

"श्रद्धे तुमको कुछ कमी नहीं पर मैं तो देख रहा अभाव,
भूली-सी कोई मधुर वस्तु जैसे कर देती विकल घाव।
चिर-मुक्त-पुरुष वह कब इतने अवरुद्ध श्वास लेगा निरीह!
गतिहीन पंगु-सा पड़ा-पड़ा ढह कर जैसे बन रहा डीह।
जब जड़-बंधन-सा एक मोह कसता प्राणों का मृदु शरीर,
आकुलता और जकड़ने की तब ग्रंथि तोड़ती हो अधीर।
हँस कर बोले, बोलते हुए निकले मधु-निर्झर-ललित-गान,
गानों में हो उल्लास भरा झूमें जिसमें बन मधुर प्रान।
वह आकुलता अब कहाँ रही जिसमें सब कुछ ही जाय भूल,
आशा के कोमल तंतु-सदृश तुम तकली में हो रही झूल।
यह क्यों, क्या मिलते नहीं तुम्हें शावक के सुंदर मृदुल चर्म?
तुम बीज बीनती क्यों? मेरा मृगया का शिथिल हुआ न कर्म।
तिस पर यह पीलापन कैसा--यह क्यों बनने का श्रम सखेद?
यह किसके लिए, बताओ तो क्या इसमें है छिप रहा भेद?"

"अपनी रक्षा करने में जो चल जाय तुम्हारा कहीं अस्त्र,
वह तो कुछ समझ सकी हूँ मैं--हिंसक से रक्षा करे शस्त्र।
पर जो निरीह जीकर भी कुछ उपकारी होने में समर्थ,
वे क्यों न जियें, उपयोगी बन--इसका मैं समझ सकी न अर्थ।
चमड़े उनके आवरण रहे ऊनों से मेरा चले काम,
वे जीवित हों मांसल बनकर हम अमृत दुहें--वे दुग्धधाम।
वे द्रोह न करने के स्थल हैं जो पाले जा सकते सहेतु

पशु से यदि हम कुछ ऊँचे हैं तो भव-जलनिधि में बनें सेतु।"

"मैं यह तो मान नहीं सकता सुख सहज-लब्ध यों छूट जाये,
जीवन का जो संघर्ष चले वह विफल रहे हम छले जायँ।
काली आँखों की तारा में --मैं देख अपना चित्र धन्य,
मेरा मानस का मुकुर रहे प्रतिबिंबित तुमसे ही अनन्य।
श्रद्धे! यह नव संकल्प नहीं चलने का लघु जीवन अमोल,
मैं उसको निश्चय भोग चलूँ जो सुख चलदल सा रहा डोल!
देखा क्या तुमने कभी नहीं स्वर्गीय सुखों पर प्रलय-नृत्य?
फिर नाश और चिर-निद्रा है तब इतना क्यों विश्वास सत्य?
यह चिर-प्रशांत-मंगल की क्यों अभिलाषा इतनी रही जाग?
यह संचित क्यों हो रहा स्नेह किस पर इतनी हो सानुराग?
यह जीवन का वरदान--मुझे दे दो रानी--अपना दुलार,
केवल मेरी ही चिन्ता का तव-चित्त वहन कर रहे भार।
मेरा सुन्दर विश्राम बना सृजता हो मधुमय विश्व एक,
जिसमें बहती हो मधुधारा लहरें उठती हों एक-एक।"

"मैंने तो एक बनाया है चल कर देखो मेरा कुटीर,"
यों कहकर श्रद्धा हाथ पकड़ मनु को ले चली वहाँ अधीर।
उस गुफा समीप पुआलों की छाजन छोटी सी शांति-पुंज,
कोमल लतिकाओं की डालें मिल सघन बनाती जहाँ कुंज।
थे वातायन भी कटे हुए--प्राचीर पर्णमय रचित शुभ्र,
आवें क्षण भर तो चले जायँ—रुक जायँ कहीं न समीर, अभ्र।
उसमें था झूला पड़ा हुआ वेतसी - लता का सुरुचिपूर्ण,
बिछ रहा धरातल पर चिकना सुमनों का कोमल सुरभि-चूर्ण।
कितनी मीठी अभिलाषाएँ उसमें चुपके से रहीं घूम!
कितने मंगल के मधुर गान उसके कानों को रहे चूम!

मनु देख रहे थे चकित नया यह गृहलक्ष्मी का गृह-विधान!
पर कुछ अच्छा-सा नहीं लगा 'यह क्यों? किसका सुख साभिमान?'
चुप थे पर श्रद्धा ही बोली--'देखो यह तो बन गया नीड़,
पर इसमें कलरव करने को आकुल न हो रही अभी भीड़।

तुम दूर चले जाते हो जब--तब लेकर तकली, यहां बैठ,
मैं उसे फिराती रहती हूँ अपनी निर्जनता बीच पैठ।
मैं बैठी गाती हूं तली के प्रतिवर्त्तन में स्वर विभोर--
'चल री तकली धीरेधीरे प्रिय गये खेलने को अहेर'।

जीवन का कोमल तंतु बढ़े तेरी ही मंजुलता समान,
चिर-नग्न प्राण उनमें लिपटें सुन्दरता का कुछ बढ़े मान।
किरनों-सी तू बुन दे उज्ज्वल मेरे मधु-जीवन का प्रभात,
जिसमें निर्वसना प्रकृति सरल ढँक ले प्रकाश से नवल गात।

वासना भरी उन आंखों पर आवरण डाल दे कांतिमान,
जिसमें सौंदर्य निखर आवे लतिका में फुल्ल-कुसुम-समान।

अब वह आगंतुक गुफा बीच पशु सा न रहे निर्वसन-नग्न,
अपने अभाव की जड़ता में वह रह न सकेगा कभी मग्न।

सूना न रहेगा यह मेरा लघु-विश्व कभी जब रहोगे न,
मैं उसके लिए बिछाऊँगी फूलों के रस का मृदुल फेन।
झूले पर उसे झुलाऊंगी दुलरा कर लूंगी वदन चूम,
मेरी छाती से लिपटा इस घाटी में लेगा सहज घूम।

वह आवेगा मृदु मलयज-सा लहराता अपने मसृण बाल,
उसके अधरों से फैलेगी नवमधुमय स्मिति-लतिका-प्रवाल।
अपनी मीठी रसना से वह बोलेगा ऐसे मधुर बोल,
मेरी पीड़ा पर छिड़केगा जो कुसुम-धूलि मकरंद घोल।
मेरी आँखों का सब पानी तब बन जायेगा अमृत स्निग्ध,
उन निर्विकार नयनों में जब देखूँगी अपना चित्र मुग्ध!"

"तुम फूल उठोगी लतिका सी कंपित कर सुख सौरभ तरंग,
मैं सुरभि खोजता भटकूँगा वन-वन बन कस्तूरी कुरंग।
यह जलन नहीं सह सकता मैं चाहिए मुझे मेरा ममत्व,
इस पंचभूत की रचना में मैं रमण करूँ बन एक तत्त्व।
यह द्वैत, अरे यह द्विविधा तो है प्रेम बाँटने का प्रकार।
भिक्षुक मैं! ना, यह कभी नहीं मैं लौटा लूँगा निज विचार।
तुम दानशीलता से अपनी बन सजल जलद वितरो न बिन्द।
इस सुख-नभ में मैं विचरूँगा बन सकल कलाधर शरद-इंदु।
भूले से कभी निहारोगी कर आकर्षणमय हास एक;
मायाविनि! मैं न उसे लूँगा वरदान समझ कर—जानु टेक।
इस दीन अनुग्रह का मुझ पर तुम बोझ डालने में समर्थ--
अपने को मत समझो श्रद्घे! होगा प्रयास यह सदा व्यर्थ।
तुम अपने सुख से सुखी रहो मुझको दुःख पाने दो स्वतंत्र,
'मन की परवशता महा-दुःख' मैं यही जपूँगा महासंभ!
लो चला आज मैं छोड़ यहीं संचित संवेदन-भार-पुंज,
मुझको काँटे ही मिलें धन्य! हो सफल तुम्हें ही कुसुम-कुंज।"
कह, ज्वलनशील अंतर लेकर मनु चले गये, या शून्य प्रांत
"रुक जा, सुन ले ओ निर्मोही!" वह कहती रही अधीर श्रांत!

इड़ा

"किस गहन गुहा से अति अधीर
झंझा-प्रवाह-सा निकला यह जीवन विक्षुब्ध महासमीर
ले साथ विकल परमाणु-पुंज नभ, अनिल, अनल, क्षिति और नीर
भयभीत सभी को भय देता भय की उपासना में विलीन
प्राणी कटुता को बाँट रहा जगती को करता अधिक दीन
निर्माण और प्रतिपद-विनाश में दिखलाता अपनी क्षमता
संघर्ष कर रहा-सा सब से, सब से विराग सब पर ममता
अस्तित्व-चिरंतन-धनु से कब, यह छूट पड़ा है विषम तीर
किस लक्ष्य-भेद को शून्य चीर?

देखे   मैंने   वे   शैल-श्रृंग
जो अचल हिमानी से रंजित, उन्मुक्त, उपेक्षा भरे रंग
अपने जड़-गौरव के प्रतीक वसुधा का कर अभिमान भंग
अपनी समाधि में रहे सुखी, बह जाती हैं नदियाँ अबोध
कुछ स्वेद-बिन्द उसके लेकर, वह स्तिमित-नयन गत शोक-क्रोध
स्थिर-मुक्ति, प्रतिष्ठा में वैसी चाहता नहीं इस जीवन की
मैं तो अबाध गात मरुत्-सदृश, हूँ चाह रहा अपने अपने मन की
जो चूम चला जाता अग-जग प्रति-पग में कंपन की तरंग
वह ज्वलनशील गतिमय पतंग।

अपनी ज्वाला से कर प्रकाश
जब छोड़ चला आया सुन्दर प्रारंभिक जीवन का निवास
वन, गुहा, कुंज, मरु-अंचल में हूँ खोज रहा अपना विकास
पागल मैं, किस पर सदय रहा—क्या मैंने ममता ली न तोड़
किस पर उदारता से रीझा--किससे न लगा दी कड़ी होड़?
इस विजन प्रांत में बिलख रही मेरी पुकार उत्तर न मिला
लू-सा झुलसाता दौड़ रहा-कब मुझसे कोई फूल खिला?मैं
स्वप्न देखता हूँ उजड़ा--कल्पनालोक में कर निवास
देखा कब मैंने कुसुम हास!

इस दुःखमय जीवन का प्रकाश
नभ-नील लता की डालों में उलझा अपने सुख से हताश!
कलियाँ जिनको मैं समझ रहा वे काँटे बिखरे आस-पास
कितना बीहड़-पथ चला और पड़ रहा कहीं थक कर नितांत
उन्मुक्त शिखर हँसते मुझ पर --रोता मैं निर्वासित अशांत

इस नियति-नटी के अति भीषण अभिनय की छाया नाँच रही
खोखली शून्यता में प्रतिपद-असफलता अधिक कुलाँच रही
पावस-रजनी में जुगुनू गण को दौड़ पकड़ता मैं निराश
उन ज्योति कणों का कर विनाश!

जीवन-निशीथ के अंधकार!
तू नील तुहिन-जल-निधि बन कर फैला है कितना वार-पार
कितनी चेतनता की किरणें हैं डूब रहीं ये निर्विकार
कितना मादक तम, निखिल भुवन भर रहा भूमिका में अभंग!
तू मूर्त्तिमान हो छिप जाता प्रतिपल के परिवर्त्तन अनंग
ममता की क्षीण अरुण रेखा खिलती है तुझमें ज्योति-कला
जैसे सुहागिनी की ऊर्मिल अलकों में कुंकुमचूर्ण भला
रे चिरनिवास विश्राम प्राण के मोह-जलद-छाया उदार
मायारानी के केशभार!

जीवन-निशीथ के अंधकार!
तू घूम रहा अभिलाषा के नव ज्वलन-धूम-सा दुर्निवार
जिसमें अपूर्ण—लालसा, कसक, चिनगारी-सी उठती पुकार
यौवन मधुवन की कालिंदी बह रही चूम कर सब दिगंत
मन-शिशु की क्रीड़ा नौकाएँ बस दौड़ लगाती हैं अनंत
कुहकिनि अपलक दृग के अंजन! हँसती तुझमें सुन्दर छलना
धूमिल रेखाओं से सजीव चंचल चित्रों की नव-कलना
इस चिर प्रवास श्यामल पथ में छायी पिक प्राणों की पुकार-
बन नील प्रतिध्वनि नभ अपार!

यह उजड़ा सूना नगर-प्रांत
जिसमें सुखदुःख की परिभाषा विध्वस्त शिल्प-सी हो नितांत
निज विकृत व रेखाओं से, प्राणी का भाग्य बनी अशांत
कितनी सुखमय स्मृतियाँ, अपूर्ण रुचि बन कर मँडराती विकीर्ण
इन ढेरों में दुखभरी कुरुचि दब रही अभी बन पत्र जीर्ण
आती दुलार को हिचकी-सी सूने कोनों में कसक भरी
इस सूखे तरु पर मनोवृत्ति आकाश-बेलि सी रही हरी
जीवन-समाधि के खँडहर पर जो जल उठते दीपक अशांत
फिर बुझ जाते वे स्वयं शांत।

यों सोच रहे मनु पड़े श्रांत
श्रद्धा का सुख साधन निवास जब छोड़ चले आये प्रशांत
पथ-पथ में भटक अटकते वे आये इस उजड़ नगर-प्रांत
बहती सरस्वती वेग भरी निस्तब्ध हो रही निशा श्याम
नक्षत्र निरखते निर्निमेष वसुधा की वह गति विकल वाम
वृत्रघ्नी का वह जनाकीर्ण उपकूल आज कितना सूना
देवेश इंद्र की विजय-कथा की स्मृति देती थीं दुःख दूना
वह पावन सारस्वत प्रदेश दुःस्वप्न देखता पड़ा क्लांत
फैला था चारों ओर ध्वांत।

"जीवन का लेकर नव विचार
जब चला द्वंद्व था असुरों में प्राणों की पूजा का प्रचार
उस छोर आत्मविश्वास-निरत सुर-वर्ग कह रहा था पुकार--
मैं स्वयं सतत आराध्य आत्म - मंगल - उपासना में विभोर
उल्लासशील मैं शक्ति-केंद्र, किसकी खोजूँ फिर शरण और
आनंद-उच्छलित-शक्ति-स्रोत जीवन-विकास वैचित्र्य भरा
अपना नव-नव निर्माण किये रखता यह विश्व सदैव हरा,
प्राणों के सुख - साधन में ही, संलग्न असुर करते सुधार
नियमों में बँधते दुनियार।

था एक पूजता देह दीन
दूसरा अपूर्ण अहंता में अपने को समझ रहा प्रवीण
दोनों का हठ था दुनिवार, दोनों ही थे विश्वास-हीन--
फिर क्यों न तर्क को शस्त्रों से वे सिद्ध करें---क्यों हो न युद्ध
उनका संघर्ष चला अशांत वे भाव रहे अब तक विरुद्ध
मुझमें ममत्वमय आत्ममोह स्वातंत्र्यमयी उच्छृंखलता
हो प्रलय-भीत तन रक्षा में पूजन करने की व्याकुलता
वह पूर्व द्वंद्व परिवर्त्तित हो मुझको बना रहा अधिक दीन
--सचमुच मैं हूं श्रद्धा-विहीन।"

"मनु! तुम श्रद्धा को गये भूल
उस पूर्ण आत्म-विश्वासमयी को उड़ा दिया था समझ तूल
तुमने तो समझा असत् विश्व जीवन धागे में रहा झूल
जो क्षण बीतें सुख-साधन में उनको ही वास्तव लिया मान
वासना-तृप्ति ही स्वर्ग बनी, यह उलटी मति का व्यर्थ-ज्ञान
तुम भूल गये पुरुषत्व-मोह में कुछ सत्ता है नारी की
समरसता है संबंध बनी अधिकार और अधिकारी की।"
जब गूजी यह वाणी तीखी कंपित करती अंबर अकूल
मनु को जैसे चुभ गया शूल।

"यह कौन? अरे फिर वही काम!
जिसने इस भ्रम में है डाला छीना जीवन का सुख-विराम?
प्रत्यक्ष लगा होने अतीत जिन घड़ियों का अब शेष नाम
वरदान आज उस गतयुग का कंपित करता है अंतरंग
अभिशाप ताप की ज्वाला से जल रहा आज मन और अंग—"
बोले मनु--"क्या मैं श्रांत साधना में ही अब तक लगा रहा
क्या तुमने श्रद्धा को पाने के लिए नहीं सस्नेह कहा?
पाया तो, उसने भी मुझको दे दिया हृदय निज अमृत-धाम
फिर क्यों न हुआ मैं पूर्ण-काम?"

"मनु! उसने तो कर दिया दान
वह हृदय प्रणय से पूर्ण सरल जिसमें जीवन का भरा मान
जिसमें चेतनता ही केवल निज शांत प्रभा से ज्योतिमान
पर तुमने तो पाया सदैव उसकी सुन्दर जड़ देह मात्र

सौंदर्य जलधि से भर लाये केवल तुम अपना गरल पात्र
तुम अति अबोध, अपनी अपूर्णता को न स्वयं तुम समझ सके
परिणय जिसको पूरा करता उससे तुम अपने आप रुके
'कुछ मेरा हो' यह राग-भाव संकुचित पूर्णता है अजान
      मानस-जलनिधि का क्षुद्र-यान।

हाँ, अब तुम बनने को स्वतंत्र
सब कलुष ढाल कर औरों पर रखते हो अपना अलग तंत्र
द्वंद्वों का उद्गम तो सदैव शाश्वत रहता वह एक मंत्र
डाली में कंटक संग कुसुम खिलते मिलते भी हैं नवीन
अपनी रुचि से तुम बिंधे हुए जिसको चाहे ले रहे बीन
तुमने तो प्राणमयी ज्वाला का प्रणय-प्रकाश न ग्रहण किया।
हाँ, जलन वासना को जीवन भ्रम तम में पहला स्थान दिया—
अब विकल प्रवर्तन हो ऐसा जो निर्यात-चक्र का बने यंत्र
      हो शाप भरा तब प्रजातंत्र।

यह अभिनव मानव प्रजा सृष्टि
द्वयता में लगी निरंतर ही वर्णों की करती रहे वृष्टि
अनजान समस्याएँ गढ़ती रचती हो अपनी ही विनष्टि
कोलाहल कलह अनंत चले, एकता नष्ट हो बड़े भेद
अभिलषित वस्तु तो दूर रहे, हाँ मिले अनिच्छित दुखद खेद
हृदयों का हो आवरण सदा अपने वक्षस्थल की जड़ता
पहचान सकेंगे नहीं परस्पर चले विश्व गिरता पड़ता
सब कुछ भी हो यदि पास भरा पर दूर रहेगी सदा तुष्टि
      दुःख देगी यह संकुचित दृष्टि।

अनवरत उठे कितनी उमंग
चुंबित हों आंसू जलधर से अभिलाषाओं के शैल-श्रृंग
जीवन-नद हाहाकार भरा—हो उठती पीड़ा की तरंग
लालसा भरे यौवन के दिन पतझड़ से सूखे जायँ बीत
संदेह नये उत्पन्न रहें उनसे संतप्त सदा सभीत
फैलेगा स्वजनों का विरोध बन कर तम वाली श्याम-अमा
दारिद्र्य दलित बिलखाती हो यह शस्यश्यामला प्रकृति-रमा
दुःख-नीरद में बन इंद्रधनुष बदले नर कितने नये रंग—
      बन तृष्णा-ज्वाला का पतंग।

कह प्रेम न रह जाये पुनीत
अपने स्वार्थों से आवृत हो मंगल-रहस्य सकुचे सभीत
सारी संसृति हो विरह भरी, गाते ही बीतें करुण गीत
आकांक्षा-जलनिधि की सीमा हो क्षितिज निराशा सदा रक्त
तुम राग-विराग करो सबसे अपने को कर शतशः विभक्त
मस्तिष्क हृदय के ही विरुद्ध, दोनों में हो सद्भाव नहीं
वह चलने को जब कहे कहीं तब हृदय विकल चल जाय कहीं
रोकर बीते सब वर्तमान क्षण सुन्दर अपना हो अतीत

पेंगों में झूले हार-जीत।

संकुचित असीम अमोघ शक्ति
जीवन को बाधा-मय पथ पर ले चले भेद से भरी भक्ति
या कभी अपूर्ण अजंता में हो रागमयी-सी महासक्ति
व्यापकता नियति-प्रेरणा बन अपनी सीमा में रहे बंद
सर्वज्ञ-ज्ञान का झुद्र-अंश विद्या बनकर कुछ रचे छंद
कर्तृत्व-सकल बनकर आवे नश्वर - छाया-सी ललित-कला
नित्यता विभाजित हो पल-पल में काल निरंतर चले ढला
तुम समझ न सको, बुराई से शुभ-इच्छा की है बड़ी शक्ति
हो विफल तर्क से भरी युक्ति।

जीवन सारा बन जाय युद्ध
उस रक्त, अग्नि की वर्षा में बह जायँ सभी जो भाव शुद्ध
अपनी शंकाओं से व्याकुल तुम अपने ही होकर विरुद्ध
अपने को आबूत किये रहो दिखलाओ निज कृत्रिम स्वरूप
वसुधा के समतल पर उन्नत चलता फिरता हो दंभ-स्तूप
श्रद्धा इस संसृति की रहस्य—व्यापक, विशुद्ध, विश्वासमयी
सब-कुछ देकर नव-निधि अपनी तुमसे ही तो वह छली गयी
हो वर्तमान से वंचित तुम अपने भविष्य में रहो रुद्ध
सारा प्रपंच ही हो अशुद्ध।

तुम जरा मरण में चिर अशांत
जिसको अब तक समझे थे सब जीवन में परिवर्तन अनंत
अमरत्व, वही अब भूलेगा तुम व्याकुल उसको कहो अंत
दुःखमय चिर चिंतन के प्रतीक! श्रद्धा-वंचक बनकर अधीर
मानव-संतति ग्रह-रश्मि-रज्जु से भाग्य बाँध पीटे लकीर
'कल्याण भूमि यह लोक' यही श्रद्धा-रहस्य जाने न प्रजा
अतिचारी मिथ्या मान इसे परलोक-वंचना से भर जा
आशाओं में अपने निराश निज बुद्धि विभव से रहे भ्रांत
वह चलता रहे सदैव श्रांत।"

अभिशाप-प्रतिध्वनि हुई लीन
नभ-सागर के अंतस्तल में जैसे छिप जाता महा मीन
मृदु मरुत्-लहर में फेनोपम तारागण झिलमिल हुए दीन
निस्तब्ध मौन था अखिल लोक तंद्रालस था वह विजन प्रांत
रजनी-तम-पुंजीभूत-सदृश मनु श्वास ले रहे थे अशांत
वे सोच रहे थे—"आज वही मेरा अदृष्ट बन फिर आया
जिसने डाली थी जीवन इर पहले अपनी काली छाया
लिख दिया आज उसने भविष्य! यातना चलेगी अंतहीन
अब तो अवशिष्ट उपाय भी न।"

करती सरस्वती मधुर नाद
बहती थी श्यामल घाटी में निर्लिप्त भाव सी अप्रमाद

सब उपल उपेक्षित पड़े रहे जैसे वे निष्ठर जड़ विवाद
वह थी प्रसन्नता की धारा जिसमें था केवल मधुर गान
थी कर्म-निरंतरता-प्रतीक चलता था स्ववश अनंत - ज्ञान
हिम-शीतल लहरों का रह-रह कूलों से टकराते जाना
आलोक अरुण किरणों का उन पर अपनी छाया बिखराना——
अदभुत था! निज-निर्मित-पथ का वह पथिक चल रहा निर्विवाद
कहता जाता कुछ सुसंवाद।

प्राची में फैला मधुर राग
जिसके मंडल में एक कमल खिल उठा सुनहला भर पराग
जिसके परिमल से व्याकुल हो श्यामल कलरव सब उठे जाग
आलोक-रश्मि से बुने उषा-अंचल में आंदोलन अमंद
करता प्रभात का मधुर पवन सब ओर वितरने को मरंद
उस रम्य फलक पर नवल चित्र सी प्रकट हुई सुन्दर बाला
वह नयन-महोत्सव की प्रतीक अम्लान-नलिन की नव-माला
सुषमा का मंडल सुस्मित-सा बिखराता संसृति पर सुराग
सोया जीवन का तम विराग।

बिखरी अलकें ज्यों तर्क जाल
वह विश्व मुकुट सा उज्ज्वलतम शशिखंड सदृश था स्पष्ट भाल
दो पद्म-पलाश चषक-से दृग देते अनुराग विराग ढाल
गुंजरित मधुप से मुकुल सदृश वह आनन जिसमें भरा गान
वक्षस्थल पर एकत्र धरे संसृति के सब विज्ञान ज्ञान
था एक हाथ में कर्म-कलश वसुधा-जीवनरस-सार लिये
दूसरा विचारों के नभ को या मधुर अभय अवलंब दिये
त्रिवली थी त्रिगुण-तरंगमयी, आलोकवसन लिपटा अराल
चरणों में थी गति भरी ताल।

नीरव थी प्राणों की पुकार
मूर्च्छित जीवन-सर निस्तरंग नीहार घिर रहा था अपार
निस्तब्ध अलस बन कर सोयी चलती न रही चंचल बयार
पीता मन मुकुलित कंज आप अपनी मधु बूँदें मधुर मौन
निस्वन दिगंत में रहे रुद्ध सहसा बोले मनु "अरे कौन——
आलोकमयी स्मिति-चेतनता आयी यह हेमवती छाया"
तंद्रा के स्वप्न तिरोहित थे बिखरी केवल उजली माया
वह स्पर्श-दुलार-पुलक से भर बीते युग को उठता पुकार
वीचियाँ नाचतीं बार-बार।

प्रतिभा प्रसन्न-मुख सहज खोल
वह बोली —"मैं हूँ इड़ा, कहो तुम कौन यहां पर रहे डोल!"
नासिका नुकीली के पतले पुट फरक रहे कर स्मित अमोल
"मनु मेरा नाम सुनो वाले! मैं विश्व पथिक सह रहा क्लेश।"
"स्वागत! देख रहे हो तुम यह उजड़ा सारस्वत प्रदेश
भौतिक हलचल से यह चंचल हो उठा देश ही था मेरा

इसमें अब तक हूँ पड़ी इसी आशा से आये दिन मेरा।"
    ×   ×   ×
मैं तो आया हूँ—देवि बता दो जीवन का क्या सहज मोल
भव के भविष्य का द्वार खोल!

इस विश्वकुहर में इंद्रजाल
जिसने रच कर फैलाया है ग्रह, तारा, विद्रुत, नखत-माल,
सागर की भीषणतम तरंग-सा खेल रहा वह महाकाल
तब क्या इस वसुधा के लघु-लघु प्राणी को करने को सभीत
उस निष्ठुर की रचना कठोर केवल विनाश की रही जीत
तब मूर्ख आज तक क्यों समझे हैं सृष्टि उसे जो नाशमयी
उसका अधिपति! होगा कोई, जिस तक दुःख की न पुकार गयी
सुख नीड़ों को घेरे रहता अविरत विषाब का चक्रवाल
किसने यह पट है दिया डाल!

शनि का सुदूर वह नील लोक
जिसकी छाया-सा फैला है ऊपर नीचे यह गगन-शोक
उसके भी परे सुना जाता कोई प्रकाश का महा ओक
वह एक किरन अपनी देकर मेरी स्वतंत्रता में सहायक्या
बन सकता है? नियति-जाल से मुक्ति-दान का कर उपाय।"
    ×   ×   ×
"कोई भी हो वह क्या बोले, पागल बन नर निर्भर न करे
अपनी दुर्बलता बल सम्हाल गंतव्य मार्ग पर पैर धरे--
मत कर पसार--निज पैरों चल, चलने की जिसको रहे झोंक
उसको कब कोई सके रोक?

हाँ तुम ही हो अपने सहाय?
जो बुद्धि कहे उनको न मान कर फिर किसकी नर शरण जाय
जितने विचार संस्कार रहे उनका न दूसरा है उपाय
यह प्रकृति, परम रमणीय अखिल-ऐश्वर्य-भरी शोषक विहीन
तुमउसका पटल खोलने में परिकर कस कर बन कर्मलीन
सबका नियमन शासन करते बस बढ़ा चलो अपनी क्षमता
तुम ही इसके निर्णायक हो, हो कहीं विषमता या समता
तुम जड़ता को चैतन्य करो विज्ञान सहज साधन उपाय
यश अखिल लोक में रहे छाय।"

हँस पड़ा गगन वह शून्य लोक
जिसके भीतर बस कर उजड़े कितने ही जीवन मरण शोक
कितने हृदयों के मधुर मिलन क्रंदन करते बन विरह-कोक
ले लिया भार अपने सिर पर मनु ने यह अपना विषम आज
हँस पड़ी उषा प्राची-नभ में देखे नर अपना राज-काज
चल पड़ी देखने वह कौतुक चंचल मलयाचल की बाला
लख लाली प्रकृति कपोलों में गिरता तारा दल मतवाला
उन्निद्र कमल-कानन में होती थी मधुपों की नोक-झोंक

वसुधा विस्मृत थी सकल-शोक।

"जीवन निशीथ का अंधकार
भग रहा क्षितिज के अंचल में मुख आवृत कर तुमको निहार
तुम इड़े उषा-सी आज यहां आयी हो बन कितनी उदार
कलरव कर जाग पड़े मेरे ये मनोभाव सोये विहंग
हँसती प्रसन्नता चाव भरी बन कर किरनों की सी तरंग
अवलंब छोड़ कर औरों का जब बुद्धिवाद को अपनाया
मैं बढ़ा सहज, तो स्वयं बुद्धि को मानो आज यहाँ पाया
मेरे विकल्प संकल्प बनें, जीवन हो कर्मों की पुकार

सुख साधन का हो खुला द्वार।"

स्वप्न

संध्या अरुण जलज केसर ले अब तक मन थी बहलाती,
मुरझा कर कब गिरा तामरस, उसको खोज कहाँ पाती!
क्षितिज भाल का कुंकुम मिटता मलिन कालिमा के कर से,
कोकिल की काकली वृथा ही अब कलियों पर मँडराती।

कामायनी-कुसुम वसुधा पर पड़ी, न वह मकरंद रहा,
एक चित्र बस रेखाओं का, अब उसमें है रंग कहाँ!
वह प्रभात का हीन कला शशि—-किरन कहाँ चाँदनी रही,
कह संध्या थी--रवि, शशि, तारा ये सब कोई नहीं जहाँ।

जहाँ तामरस इंदीवर या सित शतदल हैं मुरझाये--
अपने नालों पर, वह सरसी श्रद्धा थी, न मधुप आये,
वह जलधर जिसमें चपला या श्यामलता का नाम नहीं,
शिशिर-कला की क्षीण-स्रोत वह जो हिमतल में जम जाये।

एक मौन वेदना विजन की, झिल्ली की झनकार नहीं,
जगती की अस्पष्ट-उपेक्षा, एक कसक साकार रही।
हरित-कुंज की छाया भर--थी वसुधा-आलिंगन करती,
वह छोटी सी विरह-नदी थी जिसका है अब पार नहीं।

नील गगन में उड़ती-उड़ती विहग-बालिका सी किरन,
स्वप्न-लोक को चलीं थकी सी नींद-सेज पर जा गिरने।
किन्तु विरहिणी के जीवन में एक घड़ी विश्राम नहीं--
बिजली-सी स्मृति चमक उठी तब, लगे जभी तम-घन घिरने।

संध्या नील सरोरुह से जो श्याम पराग बिखरते थे,
शैल-घाटियों के अंचल को वे धीरे से भरते थे।
तृण-गुल्मों से रोमांचित नग सुनते उस दुःख की गाथा,
श्रद्धा की सूनी साँसों से मिल कर जो स्वर भरते थे--

"जीवन में सुख अधिक या कि दुःख, मंदाकिनि कुछ बोलोगी?
नभ में नखत अधिक, सागर में या बुदबुद हैं, गिन दोगी?
प्रतिबिंबित हैं तारा तम में, सिंधु मिलन को जाती हो,
या दोनों प्रतिबिंब एक के इस रहस्य को खोलोगी!

इस अवकाश-पटी पर जितने चित्र बिगड़ते बनते हैं;

उनमें कितने रंग भरे जो सुरधनु पट से छनते हैं,
किन्तु सकल अणु पल में घुल कर व्यापक नील-शून्यता-सा,
जगती का आवरण वेदना का धूमिल-पट बुनते हैं।

दग्ध-श्वास से आह न निकले सजल कुहु में आज यहाँ!
कितना स्नेह जला कर जलता ऐसा है लघु-दीप कहाँ?
बुझ न जाय वह साँझ-किरन सी दीप-शिखा इस कुटिया की,
शलभ समीप नहीं तो अच्छा, सुखी अकेले जले यहाँ!

आज सुनें केवल चुप होकर, कोकिल जो चाहे कह ले,
पर न परागों की वैसी है चहल-पहल जो थी पहले।
इस पतझड़ की सूनी डाली और प्रतीक्षा की संध्या,
कामायनि! तू हृदय कड़ा कर धीरे-धीरे सब सह ले!

बिरल डालियों के निज सब ले दुःख के निश्वास रहे;
उस स्मृति का समीर चलता है मिलन कथा फिर कौन कहे?
आज विश्व अभिमानी जैसे रूठ रहा अपराध बिना,
किन चरणों को धोयेंगे जो अश्रु पलक के पार बहे!

अरे मधुर हैं कष्ट पूर्ण भी जीवन की बीती घड़ियाँ--
जब निस्संबल होकर कोई जोड़ रहा बिखरी कड़ियाँ।
वही एक जो सत्य बना था चिर-सुन्दरता में अपनी,
छिपा कहीं, तब कैसे सुलझें उलझी सुख-दुःख की लड़ियाँ!

विस्मृत हों वे बीती बातें, अब जिनमें कुछ सार नहीं हैं;
वह जलती छाती न रही अब वैसा शीतल प्यार नहीं!
सब अतीत में लीन हो चलीं, आशा, मधु-अभिलाषाएँ;
प्रिय की निष्ठर विजय हुई, पर यह तो मेरी हार नहीं!

वे आलिंगन एक पाश थे, स्मिति चपला थी, आज कहाँ?
और मधुर विश्वास : अरे वह पागल मन का मोह रहा,
वंचित जीवन बना समर्पण यह अभिमान अकिंचन का;
कभी दे दिया था कुछ मैंने, ऐसा अब अनुमान रहा।

विनिमय प्राणों का यह कितना भयसंकुल व्यापार अरे!
देना हो जितना दे दे तू लेना! कोई यह न करे!
परिवर्त्तन की तुच्छ प्रतीक्षा पूरी कभी न हो सकती,
संध्या रवि देकर पाती है इधर-उधर उडुगन बिखरे!

कुछ दिन जो हँसते आये अंतरिक्ष अरुणाचल से,
फूलों की भरमार स्वरों का सृजन लिये कुहक बल से।
फैल गयी जब स्मिति की माया, किरन-कली की क्रीड़ा से,
चिर-प्रवास में चले गये वे आने को कह कर छल से!

जब शिरीष की मधुर गंध से मान-भरी मधुऋतु रातें,
रूठ चली जातीं रक्तिम-मुख, न सह जागरण की घातें,

दिवस मधुर आलाप कथा-सा कहता छा जाता नभ में,
वे जगते-सपने अपने तब तारा बन कर मुसक्याते।

वन बालाओं के निकुंज सब भरे वेणु के मधु स्वर से,
लौट चुके थे आने वाले सुन पुकार अपने घर से,
किन्तु न आया वह परदेसी-०युग छिप गया प्रतीक्षा में,
रजनी की भीगी पलकों से तुहिन बिन्द कण कण बरसे!

मानस का स्मृति-शतदल खिलता,झरते बिंदु मरंद घने,
मोती कठिन पारदर्शी ये, इनमें कितने चित्र बने!
आंसू सरल तरल विदग्कण, नयनालोक विरह तम में,
प्राण पथिक यह संबल लेकर लगा कल्पना-जग, रचने।

अरुण जलज के शोण कोण थे नव तुषार के बिंदु भरे,
मुकुर चूर्ण बन रहे, प्रतिच्छवि कितनी साथ लिये बिखरे!
वह अनुराग हंसी दुलार की पंक्ति चली सोने तम में,
वर्षा-विरह-कुहू में जलते स्मृति के जुगुनू डरे-डरे।

सूने गिरि-पथ में गुंजारित श्रृंगनाद की ध्वनि चलती,
आकांक्षा लहरी दुःख-तटिनी पुलिन अंक में थी ढलती।
जले दीप नभ के, अभिलाषा-शलभ उड़े, उस ओर चले,
भरा रह गया आंखों में जल, बुझी न वह ज्वाला जलती।'

"माँ"--फिर एक किलक दूरागत, गूंज उठी कुटिया सूनी,
माँ उठ दौड़ी भरे हृदय में लेकर उत्कंठा दूनी
लुटरी खुली अलक, रज-धूसर बाँहें आकर लिपट गयीं,
निशा-ताप की जलने को धधक उठी बुझती धूनी!

"कहाँ रहा नटखट तू फिरता अब तक मेरा भाग्य बना!
अरे पिता के प्रतिनिधि : तूने भी सुख-दुःख तो दिया घना,
चंचल तू बनचर-मृग बन कर भरता है चौकड़ी कहीं
मैं डरती तू रूठ न जाये करती कैसे तुझे मना!"

"मैं रूठूं माँ और मना तू कितनी अच्छी बात कही!
ले मैं सोता हूं अब जाकर, बोलूंगा मैं आज नहीं,
पके फलों से पेट भरा है नींद नहीं खुलने वाली।"
श्रद्धा चुंबन ले प्रसन्न कुछ-कुछ विषाद से भरी रही।

जल उठते हैं लघु जीवन के मधुर-मधुर वे पल हलके,
मुफ्त उदास गगन के उर में छाले बन कर जा झलके।
दिवा-श्रांत-आलोक-रश्मियाँ नील-निलय में छिपीं कहीं,
करुण वही स्वर फिर उस संसृति में बह जाता है गल के।

प्रणय किरण का कोमल बंधन मुक्ति बना बढ़ता जाता,
दूर, किंतु कितना प्रतिपल वह हृदय समीप हुआ जाता।
मधुर चाँदनी-सी तंद्रा जब फैली मूर्च्छित मानस पर

तब अभिन्न प्रेमास्पद उसमें अपना चित्र बना जाता।

कामायनी सकल अपना सुख स्वप्न बना-सा देख रही,
युग-युग की वह विकल प्रतारित मिटी हुई बन लेख रही-
जो कुसूमों के कोमल दल से कभी पवन पर अंकित था,
आज पपीहा की पुकार बन –नभ में खिंचती रेख रही।

इड़ा अग्नि-ज्वाला-सी आगे जलती है उल्लास भरी,
मनु का पथ आलोकित करती विपद-नदी में बनी तरी,
उन्नति का आरोहण, महिमा शैल-श्रृंग सी श्रांति नहीं,
तीव्र प्रेरणा की धारा सी bही वहाँ उत्साह भरी।

वह सुन्दर आलोक किरन सी हृदय भेदिनी दृष्टि लिये,
जिधर देखती--खुल जाते हैं तम ने जो पथ बंद किये।
मनु की सतत सफलता की वह उदय विजयिनी तारा थी;
आश्रय की भूखी जनता ने निज श्रम के उपहार दिये!

मनु का नगर बसा है सुन्दर सहयोगी हैं सभी बने,
दृढ़ प्राचीरों में मन्दिर के द्वार दिखाई पड़े घने,
वर्षा धूप शिशिर में छाया के साधन संपन्न हुए,
खेतों में हैं कृषक चलाते हल प्रमुदित श्रम-स्वेद सने।

उधर धातु गलते बनते हैं आभूषण औ' अस्त्र नये,
कहीं साहसी ले आते हैं मृगया के उपहार नये,
पुष्पलावियाँ चुनती हैं वन-कुसुमों की अध-विकच कली,
गंध चूर्ण था लोध्र कुसुम रज, जुटे नवीन प्रसाधन ये।

घन के आघातों से होती जो प्रचंड ध्वनि रोष भरी,
तो रमणी के मधुर कंठ से हृदय मूर्च्छना उधर ढरी,
अपने वर्ग बना कर श्रम का करते सभी उपाय वहाँ,
उनकी मिलित-प्रयत्न-प्रथा से पुर की श्री दिखती निखरी।

देश काल का लाघव करते वे प्राणी चंचल से हैं,
सुख-साधन एकत्र कर रहे जो उनके संबल में हैं,
बढ़े ज्ञान-व्यवसाय, परिश्रम, बल की विस्मृत छाया में,
नर-प्रयत्न से ऊपर आवे जो कुछ वसुधा तल में है।

सृष्टि-बीज अंकुरित, प्रफुल्लित, सफल हो रहा हरा भरा,
प्रलय बीच भी रक्षित मनु से वह फैला उत्साह भरा,
आज स्वचेतन-प्राणी अपनी कुशल कल्पनाएँ करके,
स्वावलंब की दृढ़ धरणी पर खड़ा, नहीं अब रहा डरा।

श्रद्धा उस आश्चर्य-लोक में मलय-बालिका-सी चलती,
सिंहद्वार के भीतर पहुँची, खड़े प्रहरियों को छलती,
ऊँचे स्तंभों पर वलभी-युत बने रम्य प्रासाद वहाँ,
धूप-धूप-सुरभित-गृह जिनमें थी आलोक-शिखा जलती।

स्वर्ण-कलश-शोभित भवनों से लगे हुए उद्यान बने,
ऋजु-प्रशस्त, पथ बीच-बीच में, कहीं लता के कुंज घने,
जिनमें दंपत्ति समुद विहरते, प्यार भरे दे गलबाहीं,
गूंज रहे थे मधुप रसीले, मदिरा-मोद पराग सने।

देवदारू के वे प्रलंब भुज,जिनमें उलझी वायु-तरंग,
मुखरित आभूषण से कलरव करते सुन्दर बाल-विहंग,
आश्रय देता वेणु-वनों से निकली स्वर-लहरी-ध्वनि को,
नाग-केसरों की क्यारी में अन्य सुमन भी थे बहुरंग!

नव मंडप में सिंहासन सम्मुख कितने ही मंच तहाँ,
एक ओर रखे हैं सुन्दर मढ़ें चर्म से सुखद जहाँ,
आती है शैलेय-अगुरु की धूम-गंध आमोद-भरी,
श्रद्धा सोच रही सपने में 'यह लो मैं आ गयी कहाँ'!

और सामने देखा उसने निज दृढ़ कर में चषक लिये,
मनु वह क्रतुमय पुरुष! वही मुख संध्या की लालिमा पिवे,
मादक भाव सामने,सुन्दर एक चित्र सा कौन यहाँ,
जिसे देखने को यह जीवन मर-मर कर सौ बार जिये--

इड़ा ढालती थी वह आसव, जिसकी बुझती प्यास नहीं,
तृषित कंठ को, पी-पी कर भी, जिसमें है विश्वास नहीं,
वह--वैश्वानर की ज्वाला-सी--मंच-वेदिका पर बैठी,
सौमनस्य बिखराती शीतल, जड़ता का कुछ भास नहीं।

मनु ने पूछा--"और अभी कुछ करने को है शेष यहाँ?
बोली इड़ा--"सफल इतने में अभी कर्म सविशेष कहाँ!
क्या सब साधन स्ववश हो चुके?" "नहीं अभी मैं रिक्त रहा--
देश बसाया पर उजड़ा है सूना मानस - देश यहाँ।

सुन्दर मुख, आँखों की आशा, किन्तु हुए ये किसके हैं,
एक बाँकपन प्रतिपद-शशि का, भरे भाव कुछ रिस के हैं,
कुछ अनुरोध मान-मोचन का करता आँखों में संकेत,
बोल अरी मेरी चेतनते! तू किसकी, ये किसके हैं?"

"प्रजा तुम्हारी, तुम्हें प्रजापति सबका ही गुनती हैं मैं,
वह संदेह-भरा फिर कैसा नया प्रश्न सुनती हूं मैं!"
"प्रजा नहीं, तुम मेरी रानी मुझे न अब भ्रम में डालो,
मधुर मराली! कहो 'प्रणय के मोती अब चुनती हूँ मैं '

मेरा भाग्य-गगन धुंधला-सा, प्राची-पट-सी तुम उसमें,
खुल कर स्वयं अचानक कितनी प्रभापूर्ण हो छवि-यश में!
मैं अतृप्त आलोक-भिखारी ओ प्रकाश-बालिके! बता,
कब डूबेगी प्यास हमारी इन मधु-अधरों के रस में?

ये सुख-साधन और रुपहली-रातों की शीतल-छाया,

स्वर-संचरित दिशाएँ, मन है उन्मद और शिथिल काया,
तब तुम प्रजा बनो मत रानी!" नर-पशु कर हुंकार-उठा,
उधर फैलती मदिर घटा सी अंधकार की घन-माया।

आलिंगन! फिर भय का क्रंदन! वसुधा जैसे काँप उठी!
वह अतिचारी, दुर्बल नारी-परित्राण-पथ नाप उठी!
अंतरिक्ष में हुआ रुद्र-हुंकार भयानक हलचल थी,
अरे आत्मजा प्रजा! पाप की परिभाषा बन शाप उठी।

उधर गगन में क्षुब्ध हुई सब देव-शक्तियाँ क्रोध-भरी,
रुद्र-नयन खुल गया अचानक--व्याकुल काँप रही नगरी;
अतिचारी था स्वयं प्रजापति, देव अभी शिव बने रहें!
नहीं, इसी से चढ़ी शिंजिनी अजगव पर प्रतिशोध भरी।

प्रकृति त्रस्त थी, भूतनाथ ने नृत्य विकंपित-पद अपना--
उधर उठाया, भूत-सृष्टि सब होने जाती थी सपना!
आश्रय पाने को सब व्याकुल, स्वयं-कलुष में मनु संदिग्ध,
फिर कुछ होगा, यही समझ कर वसुधा का थर-थर कँपना।

काँप रहे थे प्रलयमयी क्रीड़ा से सब आशंकित जंतु,
अपनी-अपनी पड़ी सभी को, छिन्न स्नेह का कोमल तंतु
आज कहाँ वह शासन था जो रक्षा का था भार लिये,
इड़ा क्रोध लज्जा से भर कर बाहर निकल चली थी किंतु।

देखा उसने, जनता व्याकुल राजद्वार कर रुद्ध रही,
प्रहरी के दल भी झुक आये उनके भाव विशुद्ध नहीं,
नियमन एक झुकाव दबा-सा, टूटे या ऊपर उठ जाय!
प्रजा आज कुछ और सोचती अब तक जो अविरुद्ध रही!

कोलाहल में घिर, छिप बैठे, मनु कुछ सोच विचार भरे,
द्वार बंद लख प्रजा अस्त-सी, कैसे मन फिर धैर्य-धरे!
शक्ति-तरंगों में आंदोलन, रुद्र-क्रोध भीषणतम था,
महानील-लोहित-ज्वाला का नृत्य सभी से उधर परे।

वह विज्ञानमयी अभिलाषा, पंख लगाकर उड़ने की,
जीवन की असीम आशाएँ कभी न नीचे मुड़ने की,
अधिकारों की सृष्टि और उनकी वह मोहमयी माया,
वर्गों की खाई बन फैली कभी नहीं जो जुड़ने की।

असफल मनु कुछ क्षुब्ध हो उठे, आकस्मिक बाधा कैसी--
समझ न पाये कि यह हुआ क्या, प्रजा जुटी क्यों आ ऐसी!
परित्राण प्रार्थना विकल थी देव-क्रोध से बन विद्रोह
इड़ा रही जब वहाँ! स्पष्ट ही वह घटना कुचक्र जैसी।

"द्वार बंद कर दो इनको तो अब न यहाँ आने देना,
प्रकृति आज उत्पात कर रही, मुझको बस सोने देना!"

कह कर यों मनु प्रगट क्रोध में, किन्तु डरे-से थे मन में,
शयन-कक्ष में चले सोचते जीवन का लेना - देना।

अटा काँप उठी सपने में, सहसा उसकी आंख खुली,
यह क्या देखा मैंने? कैसे वह इतना हो गया छली?
स्वजन-स्नेह में भय की कितनी आशकाएं उठ आतीं,
अब क्या होगा, इसी सोच में व्याकुल रजनी बीत चली।

संघर्ष

श्रद्धा का था स्वप्न किंतु वह सत्य बना था,
इड़ा सकुचित उधर प्रजा में क्षोभ घना था।
भौतिक-विप्लव देख विकल वे थे घबराये,
राज-शरण में त्राण प्राप्त करने को आये।

किंतु मिला अपमान और व्यवहार बुरा था,
मनस्ताप से सब के भीतर रोष भरा था।
क्षुब्ध निरखते वदन इड़ा का पीला-पीला,
उधर प्रकृति की रुकी नहीं थी तांडव-लीला।

प्रांगण में थी भीड़ बढ़ रही सब जुड़ आये,
प्रहरी-गण कर द्वार बंद थे ध्यान लगाये।
रात्रि घनी-कालिमा-पटी में दबी-लुकी-सी,
रह-रह होती प्रगट मेघ की ज्योति झुकी सी।

मनु चिंतित से पड़े शयन पर सोच रहे थे,
क्रोध और शंका के श्वापद नोच रहे थे।
"मैं यह प्रजा बना कर कितना तुष्ट हुआ था।
किंतु कौन कह सकता इन पर रुष्ट हुआ था।

कितने जव से भर कर इनका चक्र चलाया,
अलग-अलग ये एक हुई पर इनकी छाया।
मैं नियमन के लिए बुद्धि - बल से प्रयत्न कर,
इनको कर एकत्र, चलाता नियम बना कर।

किंतु स्वयं भी क्या वह सब कुछ मान चलूँ मैं,
तनिक न मैं स्वच्छंद, स्वर्ण सा सदा गलूँ मैं!
जो मेरी है सृष्टि उसी से भीत हूँ मैं,
क्या अधिकार नहीं कि कभी अविनीत रहूँ मैं?

श्रद्धा का अधिकार समर्पण दे न सका मैं,
प्रतिपल बढ़ता हुआ भला कब वहाँ रुका मैं .
इड़ा नियम - परतंत्र चाहती मुझे बनाना,
निर्वाचित अधिकार उसी ने एक न माना।

विश्व एक बंधन विहीन परिवर्त्तन तो है,

इसकी गति में रवि-शशि-तारे ये सब जो हैं।
रूप बदलते रहते वसुधा जलनिधि बनती,
उदधि बना मरुभूमि जलषि में ज्वाला जलती!

तरल अग्नि की दौड़ लगी है सब के भीतर,
गल कर बहते हिम-नग सरिता-लीला रच कर।
यह स्फुलिंग का नृत्य एक पल आया बीता!
टिकने को कब मिला किसी को यहाँ सुभीता?

कोटि-कोटि नक्षत्र शून्य के महा-विवर में,
लास रास कर रहे लटकते हुए अधर में।
उठती हैं पवनों के स्तर में लहरें कितनी,
यह असंख्य चीत्कार और परवशता इतनी।

यह नर्तन उन्मुक्त विश्व का स्पंदन द्रुततर,
गतिमय होता चला जा रहा अपने लय पर।
कभी-कभी हम वही देखते पुनरावर्त्तन,
उसे मानते नियम चल रहा जिससे जीवन।

रुदन हास बन किंतु पलक में छलक रहे हैं,
शत-शत प्राण विमुक्ति खोजते ललक रहे हैं।
जीवन में अभिशाप शाप में ताप भरा है,
इस विनाश में सृष्टि-कुंज हो रहा हरा है।

विश्व बंधा है एक नियम से यह पुकार-सी,
फली गयी है इसके मन में दृढ़ प्रचार-सी,
नियम इन्होंने परखा फिर सुख-साधन जाना।
वशी नियामक रहे, न ऐसा मैंने माना।

मैं चिर-बंधन-हीन मृत्यु-सीमा-उल्लंघन--
करता सतत चलूँगा यह मेरा है दृढ़ प्रण।
महानाश की सृष्टि बीच जो क्षण हो अपना,
चेतनता की तुष्टि वही है फिर सब सपना।"

प्रगतिशील मन रुका एक क्षण करवट लेकर,
देखा अविचल इड़ा खड़ी फिर सब कुछ देकर!
और कह रही "किंतु नियामक नियम न माने,
तो फिर सब कुछ नष्ट हुआ सा निश्चय जाने।"

"ऐं तुम फिर भी यहाँ आज कैसे चल आयी,
क्या कुछ और उपद्रव की है बात समायी।
मन में, यह सब आज हुआ है जो कुछ इतना!
क्या न हुई है तुष्टि? बच रहा है अब कितना?"

"मनु सब शासन स्वत्व तुम्हारा सतत निबाहें,
तुष्टि, चेतना का क्षण अपना अन्य न चाहें!

आह प्रजापति यह न हुआ है, कभी न होगा,
निर्वाधित अधिकार आज तक किसने भोगा?"

यह मनुष्य आकार चेतना का है विकसित,
एक विश्व अपने आवरणों में है निर्मित
चिति-केंद्रों में जो संघर्ष चला करता है,
द्वयता का जो भाव सदा मन में भरता है--

वे विस्मृत पहचान रहे से एक-एक को
होते सतत समीप मिलाते हैं अनेक को।
स्पर्धा में जो उत्तम ठहरें वे रह जावें,
संस्कृति का कल्याण करें शुभ मार्ग बतावें।

व्यक्ति चेतना इसीलिए परतंत्र बनी-सी,
रागपूर्ण, पर द्वेष-पंक में सतत सनी सी।
नियत मार्ग में पद-पद पर है ठोकर खाती,
अपने लक्ष्य समीप श्रांत हो चलती जाती।

यह जीवन उपयोगी, यही है बुद्धि-साधना
अपना जिसमें श्रेय यही सुख की अराधना
लोक सुखी हो आश्रय ले यदि उस छाया में,
प्राण सदृश तो रमो राष्ट्र की इस काया में।

देश कल्पना काल परिधि में होती लय है,
काल खोजता महाचेतना में निज क्षय है,
वह अनंत चेतन नचता है उन्मद गति से,
तुम भी नाचो अपनी द्वयता में-विस्मृति में।

क्षितिज पटी को उठा बढ़ो ब्रह्मांड विवर में,
गुंजारित घन नाद सुनो इस विश्व कुहर में।
ताल-ताल पर चलो नहीं लय छूटे जिसमें,
तुम न विवादी स्वर छेड़ी अनजाने इसमें।

"अच्छा . यह तो फिर न तुम्हें समझाना है अब,
तुम कितनी प्रेरणामयी हो जान चुका सब।
किंतु आज ही अभी लौट कर फिर हो आयी,
कैसे यह साहस की मन में बात समायी!

आह प्रजापति होने का अधिकार यही क्या?
अभिलाषा मेरी अपूर्ण ही सदा रहे क्या?
मैं सबको वितरित करता ही सतत रहूँ क्या?
कुछ पाने का यह प्रयास है पाप सहूँ क्या?

तुमने भी प्रतिदान दिया कुछ कह सकती हो?
मुझे ज्ञान देकर ही जीवित रह सकती हो?
जो मैं हूँ चाहता वही जब मिला नहीं है,

तब लौटा लो व्यर्थ बात जो अभी कही है।"

"इड़े! मुझे वह वस्तु चाहिए जो मैं चाहूँ,
तुम पर हो अधिकार, प्रजापति न तो वृथा हूँ।
तुम्हें देख कर बंधन ही अब टूट रहा सब,
शासन या अधिकार चाहता हूँ न तनिक अब।

देखो यह दुर्धर्ष प्रकृति का इतना कंपन!
मेरे हृदय समक्ष क्षुद्र है इसका स्पंदन!
इस कठोर ने प्रलय खेल है हँस कर खेला!
किंतु आज कितना कोमल हो रहा अकेला?

तुम कहती हो विश्व एक लय है, मैं उसमें
लीन हो चलूँ? किंतु धरा है क्या सुख इसमें।
क्रंदन का निज अलग एक आकाश बना लूँ
उस रोदन में अट्टहास हो तुमको पा लूँ।"

फिर से जलनिधि उछल बहे मर्य्यादा बाहर,
फिर झंझा हो वज्र-प्रगति से भीतर बाहर,
फिर डगमग हो नाव लहर ऊपर से भागे,
रवि-शशि-तारा सावधान हों चौंकें जागें,
किंतु पास ही रहो बालिके मेरी हो, तुम,
मैं हूँ कुछ खिलवाड़ नहीं जो अब खेलो तुम?"

आह न समझोगे क्या मेरी अच्छी बातें,
तुम उत्तेजित होकर अपना प्राप्य न पाते।
प्रजा क्षुब्ध हो शरण माँगती उधर खड़ी है,
प्रकृति सतत आतंक विकंपित घड़ी-घड़ी है।
सावधान, मैं शुभाकांक्षिणी और कहूँ क्या।
कहना था कह चुकी और अब यहाँ रहूँ क्या।"

"मायाविनि, बस पा ली तुमने ऐसे छुट्टी।
लड़के जैसे खेलों में कर लेते खुट्टी।
मूर्त्तिमयी अभिशाप बनी सी सम्मुख आयी,
तुमने ही संघर्ष भूमिका मुझे दिखायी।

रूधिर भरी वेदियाँ भयकरी उनमें ज्वाला,
विनयन का उपचार तुम्हीं से सीख निकाला।
चार वर्ण बन गये बँटा श्रम उनका अपना,
शस्त्र यंत्र बन चले, न देखा जिनका सपना।
आज शक्ति का खेल खेलने में आतुर नर,
प्रकृति संग संघर्ष निरंतर अब कैसा डर?
बाधा नियमों की न पास में अब आने दो,
इस हताश जीवन में क्षण-सुख मिल जाने दो।

राष्ट्र-स्वामिनी, यह लो सब कुछ वैभव अपना,
केवल तुम को सब उपाय से कह लूँ अपना।
यह सारस्वत देश या कि फिर ध्वंस हुआ सा
समझो, तुम हो अग्नि और यह सभी धुआँ सा।

मैंने जो मनु किया उसे मत यों कह भूलो,
तुमको जितना मिला उसी में यों मत फूलो।
प्रकृति संग संघर्ष सिखाया तुमको मैंने,
तुमको केंद्र बनाकर अनहित किया न मैंने!
मैंने इस बिखरी-विभूति पर तुमको स्वामी,
सहज बनाया, तुम अब जिसके अंतर्यामी।
किंतु आज अपराध हमारा अलग खड़ा है,
हाँ में हाँ न मिलाऊँ तो अपराध बड़ा है।
मनु देखो यह भ्रांत निशा अब बीत रही है,
प्राची में नव-उषा तमस को जीत रही है।
अभी समय है मुझ पर कुछ विश्वास करो तो।
बनती है सब बात तनिक तुम धैर्य धरो तो।"

और एक क्षण वह, प्रमाद का फिर से आया,
इधर इड़ा ने द्वार ओर निज पैर बढ़ाया।
किंतु रोक ली गयी भुजाओं से मनु की वह,
निस्सहाय हो दीन-दृष्टि देखती रही वह।

"यह सारस्वत देश तुम्हारा तुम हो रानी,
मुझको अपना अस्त्र बना करती मनमानी।
यह छल चलने में अब पंगु हुआ सा समझो,
मुझको भी अब मुक्त जाल से अपने समझो।
शासन की यह प्रगति सहज ही अभी रुकेगी,
क्योंकि दासता मुझसे अब तो हो न सकेगी।
मैं शासक, मैं चिर स्वतंत्र, तुम पर भी मेरा--
हो अधिकार असीम सफल हो जीवन मेरा।
छिन्न भिन्न अन्यथा हुई जाती है पल में,
सकल व्यवस्था अभी जाय डूबती अतल में।
देख रहा हूँ वसुधा का अति-भय से कंपन,
और सुन रहा हूँ नभ का यह निर्मम-क्रंदन!
किंतु आज तुम बंदी हो मेरी बांहों में,
मेरी छाती में,"--फिर सब डूबा आहों में!

'सिंहद्वार अरराया जनता भीतर आयी,
"मेरी रानी" उसने जो चीत्कार मचायी।

अपनी दुर्बलता में मनु तब हाँफ रहे थे,
स्खलन विकंपित पद वे अब भी काँप रहे थे,
सजग हुए मनु वज्र-खचित ले राजदंड तब,

और पुकारा "तो सुन लो जो कहता हूं अब।

"तुम्हें तृप्ति कर सुख के साधन सकल बताया,
मैंने ही श्रम-भाग किया फिर वर्ग बनाया।
अत्याचार प्रकृति-कृत हम सब जो सहते हैं,
करते कुछ प्रतिकार न अब हम चुप रहते हैं।

आज न पशु हैं हम, या गूँगे काननचारी,
यह उपकृति क्या भूल गये तुम आज हमारी "
वे बोले सक्रोध मानसिक भीषण दुख से,
"देखो पाप पुकार उठा अपने ही मुख से!

तुमने योगक्षेम से अधिक संचय वाला,
लोभ सिखा कर इस विचार-संकट में डाला।
हम संवेदनशील हो चले यही मिला सुख;
कष्ट समझने लगे बना कर निज कृत्रिम दुःख!
प्रकृत-शक्ति तुमने यंत्रों से सब की छीनी!
शोषण कर जीवनी बना दी जर्जर झीनी!
और इड़ा पर यह क्या अत्याचार किया है?
इसीलिए तू हम सब के बल यहाँ जिया है?
आज बंदिनी मेरी रानी इड़ा यहाँ है?
ओ यायावर! अब तेरा निस्तार कहां है?"

"तो फिर मैं हूँ आज अकेला जीवन रण में,
प्रकृति और उसके पुतलों के दल भीषण में।
आज साहसिक का पौरुष निज तन पर लेखें,
राजदंड को वज्र बना सा सचमुच देखें।"
यों कह मनु ने अपना भीषण अस्त्र सम्हाला,
देव 'आग' ने उगली त्यों ही अपनी ज्वाला।
छूट चले नाराच धनुष से तीक्ष्ण नुकीले,
टूट रहे नभ-धूमकेतु अति नीले-पीले।
अंधड़ था बढ़ रहा, प्रजा दल सा झुंझलाता,
रण वर्षा में शस्त्रों सा बिजली चमकाता।

किंतु क्रूर मनु वारण करते उन वाणों को,
बढ़े कुचलते हुए खड्ग से जनप्राणों को।
तांडव में थी तीव्र प्रगति, परमाणु विकल थे,
नियति विकर्षणमयी, त्रास से सब व्याकुल थे।

मनु फिर रहे अलात-चक्र से उस घन-तम में,
वह रक्तिम-उन्माद नाचता कर निर्मम में।
उठ तुमुल रण-नाद, भयानक हुई अवस्था,
बढ़ा विपक्ष समूह मौन पददलित व्यवस्था।

आहत पीछे हटे, स्तंभ से टिक कर मनु ने,

श्वास लिया, टंकार किया दुर्लक्ष्यी धनु ने।
बहते विकट अधीर विषम उंचास-वात थे,
मरण-पर्व था, नेता आकुलि औ' किलात थे।

ललकारा, "बस अब इसको मत जाने देना"
किंतु सजग मनु पहुंच गये कह "लेना लेना"।
"कायर, तुम दोनों ने ही उत्पात मचाया,
अरे, समझकर जिनको अपना था अपनाया।

तो फिर आओ देखो कैसे होती है बलि,
रण यह यज्ञ, पुरोहित ओ किलात औ' आकुलि।
और धराशायी थे असुर-पुरोहित उस क्षण,
ईड़ा अभी कहती जाती थी बस रोको रण।

भीषण जन संहार शाप ही तो होता है,
ओ पागल प्राणी, तू क्यों जीवन खोता है!
क्यों इतना आतंक ठहर जा ओ गर्वीले,
जीने दे सबको फिर तू भी सुख से जी ले।"

कौन! धधकती वेदी ज्वाला,
सामूहिक-बलि का निकला था पंथ निराला।
रक्तोन्मद मनु का न हाथ अब भी रुकता था,
प्रजा-पक्ष का भी न किंतु साहस झुकता था।

वहीं धर्षिता खड़ी ईड़ा सारस्वत-रानी,
वे प्रतिशोध अधीर, रक्त बहता बन पानी।
धूमकेतु-सा चला रुद्र नाराच भयंकर,
लिये पूंछ में ज्वाला अपनी अति प्रलयंकर।

अंतरिक्ष में महाशक्ति हुंकार कर उठी
सब शस्त्रों की धारें भीषण वेग भर उठीं।
और गिरीं मनु पर, मुमूर्ष वे गिरे वहीं पर,
रक्त नदी की बाढ़—फैलती थी उस भू पर।

निर्वेद

वह सारस्वत नगर पड़ा था क्षुब्ध, मलिन, कुछ मौन बना,
जिसके ऊपर विगत कर्म का विष-विषाद-आवरण तना।
उल्का धारी प्रहरी से ग्रह—तारा नभ में टहल रहे,
वसुधा पर यह होता क्या है अणु अणु क्यों हैं मचल रहे?

जीवन में जागरण सत्य है या सुषुप्ति ही सीमा है,
आती है रह-रह पुकार सी 'यह भव-रजनी भीमा है।'
निशिचारी भीषण विचार के पंख भर रहे सरटे,
सरस्वती थी चली जा रही खींच रही-सी सन्नाटे।

अभी घायलों की सिसका में जाग रही थी मर्म-व्यथा,
पुर-लक्ष्मी खगरव के मिस कुछ कह उठती थी करुण-कथा।
कुछ प्रकाश धूमिल-सा उसके दीपों से था निकल रहा,
पवन चल रहा था रुक-रुक कर खिन्न, भरा अवसाद रहा।

भयमय मौन निरीक्षक-सा या सजग सतत चुपचाप खड़ा,
अंधकार का नील आवरण दृश्य-जगत से रहा बड़ा।
मंडप के सोपान पड़े थे सूने, कोई अन्य नहीं,
स्वयं इड़ा उस पर बैठी थी अग्निशिखा सी धधक रही।

शून्य राज-चिह्नों से मंदिर बस समाधि-सा रहा खड़ा,
क्योंकि वहीं घायल शरीर वह मनु का तो था रहा पड़ा।
इड़ा ग्लानि से भरी हुई बस सोच रही बीती बातें,
घृणा और ममता में ऐसी बीत चुकीं कितनी रातें।

नारी का वह हृदय! हृदय में--सुधा-सिंधु लहरें लेता,
बाड़व-ज्वलन उसी में जलकर कंचन सा जल रंग देता।
मधु-पिंगल उस तरल-अग्नि में शीतलता संसृति रचती,
क्षमा और प्रतिशोध! आह रे दोनों की माया नचती।

"उसने स्नेह किया था मुझसे हाँ अनन्य वह रहा नहीं,
सहज लब्ध थी वह अनन्यता पड़ी रह सके जहाँ कहीं।
बाधाओं का अतिक्रमण कर जो अबाध हो दौड़ चले,
वही स्नेह अपराध हो उठा जो सब सीमा तोड़ चले।

"हाँ अपराध, किंतु वह कितना एक अकेले भीम बना,

जीवन के कोने से उठ कर इतना आज असीम बना!
और प्रचुर उपकार सभी वह सहृदयता की सब माया,
शून्य-शून्य था! केवल उसमें खेल रही थी छल छाया!

"कितना दुखी एक परदेशी बन, उस दिन जो आया था,
जिसके नीचे धारा नहीं थी शून्य चतुर्दिक छाया था।
वह शासन का सूत्रधार था नियमन का आधार बना,
अपने निर्मित नव विधान से स्वयं दंड साकार बना।

"सागर की लहरों से उठकर शैल-शृंग पर सहज चढ़ा,
अप्रतिहत गति, संस्थानों से रहता था जो सदा बढ़ा।
आज पड़ा है वह मुमूर्षु-सा वह अतीत सब सपना था,
उसके ही सब हुए पराये सबका ही जो अपना था।

"किन्तु वही मेरा अपराधी जिसका वह उपकारी था,
प्रकट उसी से दोष हुआ है जो सबको गुणकारी था।
अरे सर्ग-अंकुर के दोनों पल्लव हैं ये भले-बुरे,
एक दूसरे की सीमा हैं क्यों न युगल को प्यार करें?

"अपना हो या औरों का सुख बढ़ा कि बस दुःख बना वहीं,
कौन बिंदु है रुक जाने का यह जैसे कुछ ज्ञात नहीं।
प्राणी निज-भविष्य चिंता में वर्तमान का सुख छोड़े,
दौड़ चला है बिखराता-सा अपने ही पथ में रोड़े।

इसे दंड देने में बैठी या करती रखवाली मैं,
यह कैसी है विकट पहेली कितनी उलझन वाली मैं?
एक कल्पना है मीठी यह इससे कुछ सुंदर होगा,
हाँ कि, वास्तविकता से अच्छी सत्य इसी को वर देगा।"

चौंक उठी अपने विचार से कुछ दूरागत-ध्वनि सुनती,
इस निस्तब्ध-निशा में कोई चली आ रही है कहती-
"अरे बता दो मुझे दया कर कहाँ प्रवासी है मेरा?
उसी बावले से मिलने को डाल रही हूँ मैं फेरा।

रूठ गया था अपनेपन से अपना सकी न उसको मैं,
वह तो मेरा अपना ही था भला मनाती किसको मैं!
यही भूल अब शूल-सदृश हो साल रही उर में मेरे,
कैसे पाऊँगी उसको मैं कोई आकर कह दे रे!"

इड़ा उठी, दिख पड़ा राजपथ धुँधली सी छाया चलती,
वाणी में थी करुण - वेदना वह पुकार जैसे जलती।
शिथिल शरीर, वसन विशृंखल कबाड़ी-अधिक अधीर खुली।
छिन्नपत्र मकरद लुटी सी ज्यों मुरझायी हुई कली।

नव कोमल अवलंब साथ में वय किशोर उँगली पकड़े,
चला आ रहा मौन धैर्य-सा अपनी माता को जकड़े।

थके हुए थे दुखी बटोही वे दोनों ही माँ-बेटे,
खोज रहे थे भूले मनु को जो घायल हो कर लेटे।

इड़ा आज कुछ द्रवित हो रही दुखियों को देखा उसने,
पहुँची पास और फिर पूछा 'तुमको बिसराया किसने?
इस रजनी में कहाँ भटकती जाओगी तुम बोलो तो,
बैठो आज अधिक चंचल हूँ व्यथागाँठ निज खोलो तो।

जीवन की लंबी यात्रा में खोये भी हैं मिल जाते,
जीवन है तो कभी मिलन है कट जाती दुःख की रातें।"
श्रद्धा रुकी कुमार श्रांत था मिलता है विश्राम यहीं,
चली इड़ा के साथ जहाँ पर वह्नि शिखा प्रज्वलित रही।

सहसा धधकी वेदी ज्वाला मंडप आलोकित करती,
कामायनी देख पायी कुछ पहुँची उस तक डग भरती।
और वही मनु! घायल सचमुच तो क्या सच्चा स्वप्न रहा?
आह! प्राणप्रिय! यह क्या? तुम यों! घुला हृदय, बन नीर बहा।

इड़ा चकित, श्रद्धा आ बैठी वह थी मनु को सहलाती,
अनुलेपन-सा मधुर स्पर्श था व्यथा भला क्यों रह जाती?
उस मूर्च्छित नीरवता में कुछ हल्के-से स्पंदन आये,
आँखें खुलीं चार कोनों में चार बिंदु आकर छाये।

उधर कुमार देखता ऊँचे मंदिर, मंडप, बेदी को,
यह सब क्या है नया मनोहर कैसे ये लगते जी को?
माँ ने कहा--"अरे आ तू भी देख पिता हैं पड़े हुए",
"पिता! आ गया लो" यह कहते उसके रोयें खड़े हुए।

"मां जल के, कुछ प्यासे होंगे क्या बैठी कर रही यहाँ?"
मुखर हो गया सूना मंडप यह सजीवता रही कहां?
आत्मीयता घुली उस घर में छोटा-सा परिवार बना,
छाया एक मधुर स्वर उस पर श्रद्धा का संगीत बना।

"तुमुल कोलाहल कलह में
मैं हृदय की बात रे मन!

विकल होकर नित्य चंचल,
खोजती जब नींद के पल,
चेतना थक-सी रही तब,
मैं मलय की वात रे मन!

चिर-विषाद-विलीन मन की
इस व्यथा के तिमिर-वन की;
मैं इस उषा-सी ज्योति-रेखा
कुसुम-विकसित प्रात रे मन!

जहाँ मरु-ज्वाला धधकती,
यातकी कन को तरसती
उन्हीं जीवन-घाटियों की,
में सरस बरसात रे मन!

पवन की प्राचीर में रुक
जला जीवन जी रहा झुक,
इस झुलसते विश्वदिन की
मैं कुसुम-ऋतु-रात रे मन!

चिर निराशा नीरधर से,
प्रतिच्छायित अश्रु-सर में,
मधुप-मुखर, मरंद-मुकुलित,
मैं सजल जलजात रे मन!"

उस स्वर-लहरी के अक्षर सब संजीवन रस बने घुले,
उधर प्रभात हुआ प्राची में मनु के मुदित-नयन खुले।
श्रद्धा का अवलंब मिला फिर कृतज्ञता से हृदय भरे,
मनु उठ बैठे गद्गद होकर बोले अनुराग भरे।

"श्रद्धा! तू आ गयी भला तो—पर क्या मैं था यहीं पड़ा!"
वही भवन, वे स्तंभ, वेदिका! बिखरी चारों ओर घृणा।
आँख बंद कर लिया क्षोभ से "दूर दूर ले चल मुझको,
इस भयावने अंधकार में खो दें कहीं न फिर तुझको।

हाथ पकड़ ले, चल सकता हूँ-हाँ कि यही अवलंब मिले,
वह तू कौन? परे हट, श्रद्धे! आ कि हृदय का कुसुम खिले।"
श्रद्धा नीरव सिर सहलाती आंखों में विश्वास भरे,
मानो कहती तुम मेरे हो अब क्यों कोई वृथा डरे?"

जल पीकर कुछ स्वस्थ हुए से लगे बहुत धीरे कहने,
"ले चल इस छाया के बाहर मुझको दे न यहाँ रहने।
मुक्त नील नभ के नीचे या कहीं गुहा में रह लेंगे,
अरे झेलता ही आया हूँ--जो आवेगा सह लेंगे।"

"ठहरो कुछ तो बल आने दो लिवा चलूँगी तुरत तुम्हें,
इतने क्षण तक" श्रद्धा बोली-"रहने देंगी क्या न हमें?"
इड़ा संकुचित उधर खड़ी थी यह अधिकार न छीन सकी,
श्रद्धा अविचल, मनु अब बोले उनकी वाणी नहीं रुकी।

"जब जीवन में साथ भरी थी उच्छृंखल अनुरोध भरा,
अभिलाषाएँ भरी हृदय में अपनेपन का बोध भरा।
मैं था, सुन्दर कुसुमों की यह सघन सुनहली छाया थी,
मलयानिल की लहर उठ रही उल्लासों की माया थी!

उषा अरुण प्याला भर लाती सुरभित छाया के नीचे

मेरा यौवन पीता सुख से अलसाई आँखें भींचे।
ले मकरंद नया चू पड़ती शरद-प्रात की शेफाली,
बिखराती सुख ही, संध्या की सुन्दर अलके घुँघराली।

सहसा अंधकार की आँधी उठी क्षितिज से वेग भरी,
हलचल से विक्षुब्ध विश्व--थी उद्वेलित मानस लहरी।
व्यथित हृदय उस नीले नभ में छायापथ-सा खुला तभी,
अपनी मंगलमयी मधुर-स्मिति कर दी तुमने देवि! जभी।

दिव्य तुम्हारी अमर अमिट छवि लगी खेलने रंग-रली,
नवल हेम-लेखा-सी मेरे हृदय-निकष पर खिंची भली।
अरुणाचल मन-मन्दिर की वह मुग्ध-माधुरी नव प्रतिमा,
लगी सिखाने स्नेह-मयी सी सुन्दरता की मृदु महिमा।

उस दिन तो हम जान सके थे सुन्दर किसको हैं कहते!
तब पहचान सके, किसके हित प्राणी यह दुख-सुख सहते।
जीवन कहता यौवन से--"कुछ देखा तूने मतवाले "
यौवन कहता--"साँस लिये चल कुछ अपना संबल पा ले!"

हृदय बन रहा था सीपी-सा तुम स्वाती की बूंद बनीं,
मानस-शतदल झूम उठा जब तुम उसमें मकरंद बनीं।
तुमने इस सूखे पतझड़ में भर दी हरियाली कितनी,
मैंने समझा मादकता है तृप्ति बन गयी वह इतनी!

विश्व, कि जिसमें दुख की आँची पीड़ा की लहर उठती,
जिसमें जीवन-मरण बना था बुदबुद की माया नचती।
वही शांत उज्ज्वल मंगल सा दिखता था विश्वास भरा,
वर्षा के कंदब कानन-सा सृष्टि-विभव हो उठा हरा।

भगवति! वह पावन मधु-धारा! देख अमृत भी ललचाये,
वही, रम्य सौंदर्य्य-शैल से जिसमें जीवन घुल जाये।
संध्या अब ले जाती मुझसे ताराओं की अकथ कथा,
नींद सहज ही ले लेती थी सारे श्रम की विकल व्यथा।

सकल कुतूहल और कल्पना उन चरणों से उलझ पड़ी,
कुसुम प्रसन्न हुए हँसते से जीवन की वह धन्य घड़ी।
स्मिति मघुराका थी, श्वासों से पारिजात कानन खिलता,
गति मरंद-मंथर मलयज-सी स्वर में वेणु कहाँ मिलता!

श्वास-पवन पर चढ़ कर मेरे दरागतशी वंशी-रव-सी,
गूँज उठीं तुम, विश्व-कुहर में दिव्य-रागिनी-अभिनव-सी!
जीवन-जलनिधि के तल से जो मुक्ता थे वे निकल पड़े,
जग-मंगल-संगीत तुम्हारा गाते मेरे रोम खड़े।

आशा की आलोक-किरन से कुछ मानस से ले मेरे,
लघु जलधर का सृजन हुआ था जिसको शशिलेखा घेरे--

उस पर बिजली की माला-सी झूम पड़ी तुम प्रभा भरी,
और जलद वह रिमझिम बरसा मन-वनस्थली हुई हरी!

तुमने हँस-हँस मुझे सिखाया विश्व खेल है खेल चलो,
तुमने मिलकर मुझे बताया सबसे करते मेल चलो।
यह भी अपनी बिजली के से विभ्रम से संकेत किया,
अपना मन है, जिसको चाहा तब इसको दे दान दिया।

तुम अजस्र वर्षा-सुहाग की और स्नेह की मधु-रजनी,
चिर अतृप्ति जीवन यदि था तो तुम उसमें संतोष बनी।
कितना है उपकार तुम्हारा आश्रित मेरा प्रणय हुआ,
कितना आभारी हूँ, इतना संवेदनमय हृदय हुआ।

किंतु अधम मैं समझ न पाया उस मंगल की माया को,
और आज भी पकड़ रहा हूँ हर्ष शोक की छाया को।
मेरा सब कुछ क्रोध मोह के उपादान से गठित हुआ,
ऐसा ही अनुभव होता है किरनों ने अब तक न छुआ।

शापित-सा मैं जीवन का यह ले कंकाल भटकता हूँ,
उसी खोखलेपन में जैसे कुछ खोजता अटकता हूँ।
अंध-तमस् है, किंतु प्रकृति का आकर्षण है खींच रहा,
सब पर, हाँ अपने पर भी मैं झुँझलाता हूँ खीज रहा।

नहीं पा सका हूँ मैं जैसे जो तुम देना चाह रही,
क्षुद्र पात्र! तुम उसमें कितनी मधु-धारा हो ढाल रही।
सब बाहर होता जाता है स्वगत उसे मैं कर न सका,
बुद्धि-तर्क के छिद्र हुए थे हृदय हमारा भर न सका।

यह कुमार--"मेरे जीवन का उच्च-अंश, कल्याण-कला!
कितना बड़ा प्रलोभन मेरा हृदय स्नेह बन जहाँ ढला।
सुखी रहें, सब सुखी रहें बस छोड़ो मुझ अपराधी को,"
श्रद्धा देख रही चुप मनु के भीतर उठती आँधी को।

दिन बीता रजनी भी आयी तंद्रा निद्रा संग लिये,
इड़ा कुमार समीप पड़ी थी मन की दबी उमंग लिये।
श्रद्धा भी कुछ खिन्न थकी-सी हाथों को उपधान किये,
पड़ी सोचती मन ही मन कुछ, मनु चुप सब अभिशाप पिये।

सोच रहे थे, "जीवन सुख है? ना, यह विकट पहेली है,
भाग अरे मनु! इंद्रजाल से कितनी व्यथा न झेली है?
यह प्रभात की स्वर्ण किरन-सी झिलमिल चंचल-सी छाया,
श्रद्धा को दिखलाऊँ कैसे यह मुख या कलुषित काया?

और शत्रु सब, ये कृतघ्न फिर इनका क्या विश्वास करूँ,
प्रतिहिंसा प्रतिशोध दबा कर मन ही मन चुपचाप मरूँ।
श्रद्धा के रहते यह संभव नहीं कि कुछ कर पाऊँगा,

तो फिर शांति मिलेगी मुझको जहाँ, खोजता जाऊँगा।'

जगे सभी जब नव प्रभात में देखे तो मनु वहाँ नहीं,
'पिता कहाँ' कह खोज रहा सा यह कुमार अब शांत नहीं।
इड़ा आज अपने को सबसे अपराधी है समझ रही,
कामायनी मौन बैठी-सी अपने में ही उलझ रही।

दर्शन

वह चंद्रहीन थी एक रात,
जिसमें सोया था स्वच्छ प्रात,

उजले - उजले तारक झलमल
प्रतिबिंबित सरिता वक्षस्थल;
धारा बह जाती बिंब अटल;
खुलता था धीरे पवन-पटल,

चुपचाप खड़ी थी वृक्ष पाँत,
सुनती जैसे कुछ निजी बात।

धूमिल छायाएँ रहीं घूम,
लहरी पैरों को रही चूम।

"माँ! तू चल आयी दूर इधर,
संध्या कब की चल गयी उधर।
इस निर्जन में अब क्या सुंदर--
तू देख रही, हाँ बस चल घर

उसमें से उठता गंध-धूम"
श्रद्धा ने वह मुख लिया चूम।

"माँ! क्यों तू है इतनी उदास,
क्या मैं हूँ तेरे नहीं पास,

तु कई दिनों से यों चुप रह;
क्या सोच रही है? कुछ तो कह;
यह कैसा तेरा दुःख-दुसह,
जो बाहर-भीतर देता दह,

लेती ढीली-सी भरी सांस,
जैसे होती जाती हताश।"

वह बोली--"नील गगन अपार,
जिसमें अवनत घन सजल भार,

आते जाते, सुख, दिशि, पल,
शिशु-सा आता कर खेल अनिल,
फिर झलमल सुंदर तारक दल,

नभ रजनी के जुगुनू अविरल,

यह विश्व अरे कितना उदार!
मेरा गृह रे उन्मुक्त-द्वार।

यह लोचन-गोचर-सकल-लोक,
संसृति के कल्पित हर्ष शोक,

भावोदधि से किरनों के मग,
स्वाती कन से बन भरते जग,
उत्थान-पतनमय सतत सजग,
झरने झरते आलिंगित नग,

उलझन की मीठी रोक टोक,
यह सब उसकी है नोक-झोंक।

जग, जगता आँखें किये लाल,
सोता ओढ़े तम-नींद-जाल,

सुरधनु-सा अपना रंग बदल,
मृति, संसृति, नति, उन्नति में ढल,
अपनी सुषमा में यह झलमल,
इस पर लिखता झरता उडुदल,

अवकाश-सरोवर का मराल।
कितना सुंदर कितना विशाल;

इसके स्तर-स्तर में मौन शांति,
शीतल अगाध है, ताप-भ्रांति,

परिवर्त्तनमय यह चिर-मंगल,
मुसक्याते इसमें भाव सकल,
हँसता है इसमें कोलाहल,
उल्लास भरा सा अंतस्तल,

मेरा निवास अति-मधुर-कांति।
यह एक नीड़ है सुखद शांति।"

"अंबे फिर क्यों इतना विराग,
मुझ पर न हुई क्यों सानुराग?"

पीछे मुड़ श्रद्धा ने देखा,
वह इड़ा मलिन छबि की रेखा,
ज्यों राहुग्रस्त-सी शशि-लेखा,
जिस पर विषाद की विष-रेखा,

कुछ ग्रहण कर रहा दीन त्याग,
सोया जिसका है भाग्य, जाग।

बोली--"तुमसे कैसी विरक्ति,
तुम जीवन की अंधानुरक्ति,

         मुझसे बिछड़े को अवलंबन।
         देकर, तुमने रक्खा जीवन,
         तुम आशामयि! चिर आकर्षण,
         तुम मादकता की अवगत घन,

मनु के मस्तक की चिर-अतृप्ति,
तुम उत्तेजित चंचला-शक्ति!

मैं क्या दे सकती तुम्हें मोल,
यह हृदय! अरे दो मधुर बोल,

         मैं हँसती हूँ रो लेती हूँ
         मैं पाती हूँ खो देती हूँ
         इससे ले उसको देती हूँ
         मैं दुःख को सुख कर लेती हूँ

अनुराग भरी हूँ मधुर घोल,
चिर-विस्मृति-सी हूँ रही डोल।

यह प्रभापूर्ण तब मुख निहार,
मनु हत-चेतन से एक बार,

         नारी माया-ममता का बल,
         वह शक्तिमयी छाया शीतल,
         फिर कौन क्षमा कर दे निश्छल,
         जिससे यह धन्य बने भूतल,

तुम क्षमा करोगी' यह विचार,
मैं छोड़ूँ कैसे साधिकार?"

"अब मैं रह सकती नहीं मौन,
अपराधी किंतु यहाँ न कौन?

         सुख-दुःख जीवन में सब सहते,
         पर केवल सुख अपना कहते
         अधिकार न सीमा में रहते,
         पावस - निर्भर - से वे बहते,

रोके फिर उनको भला कौन?
सबको वे कहते—शत्रु हो न!'

अग्रसर हो रही यहाँ फूट,
सीमाएँ कृत्रिम रहीं टूट,

         श्रम-भाग वर्ग, बन गया जिन्हें,
         अपने बल का है गर्व उन्हें,
         नियमों की करनी सृष्टि जिन्हें।

विप्लव की करनी वृष्टि उन्हें,

सब पिये मत्त लालसा घूँट;
मेरा साहस अब गया छूट।

मैं जनपद-कल्याणी प्रसिद्ध,
अब अवनति कारण हूँ निषिद्ध,

मेरे सुविभाजन हुए विषम,
टूटते, नित्य बन रहे नियम,
नाना केंद्रों में जलधर-सम,
घिर हट, बरसे ये उपलोपम।

यह ज्वाला इतनी है समिद्ध,
आहुति बस चाह रही समृद्ध।

तो क्या मैं भ्रम में थी नितांत,
संहार-बध्य, असहाय दांत,

प्राणी विनाश-मुख में अविरल,
चुपचाप चलें होकर निर्बल!
संघर्ष कर्म का मिथ्या बल,
ये शक्ति-चिह्न, ये यज्ञ विफल,

भय की उपासना! प्रणति भ्रांत!
अनुशासन की छाया अशांत!

तिस पर मैंने छीना सुहाग,
हे देवि! तुम्हारा दिव्य-राग,

मैं आज अकिंचन पाती हूँ
अपने को नहीं सुहाती हूँ
मैं जो कुछ भी स्वर गाती हूँ
वह स्वयं नहीं सुन पाती हूँ

दो क्षमा, न दो अपना विराग,
सोयी चेतनता उठे जाग।"

"है रुद्र-रोष अब तक अशांत ",
श्रद्धा बोली, "बन विषम ध्वांत!

सिर चढ़ी रही! पाया न हृदय
तू विकल कर रही है अभिनय,
अपनापन चेतन का सुखमय,
खो गया, नहीं आलोक उदय,

सब अपने पथ पर चलें श्रांत,
प्रत्येक विभाजन बना भ्रांत।"

जीवन धारा सुन्दर प्रवाह,
सत्, सतत, प्रकाश सुखद अथाह,

ओ तर्कमयी! तू गिने लहर,
प्रतिबिंबित तारा पकड़, ठहर,
तू रुक-रुक देखे आठ पहर,
वह जड़ता की स्थिति, भूल न कर,

सुख-दुख का मधुमय धूप-छाँह,
तूने छोड़ी यह सरल राह।

चेतनता का भौतिक विभाग--
कर, जग को बाँट दिया विराग,

चिति का स्वरूप यह नित्य-जगत,
वह रूप बदलता है शत-शत,
कण विरह-मिलन-मय नृत्य-निरत
उल्लासपूर्ण आनंद सतत

तल्लीन-—पूर्ण है एक राग,
झंकृत है केवल 'जाग जाग!'

मैं लोक-अग्नि में तप नितांत,
आहुति प्रसन्न देती प्रशांत,

तू क्षमा न कर कुछ चाह रही,
जलती छाती की दाह रही,
तो ले ले जो निधि पास रही,
मुझको बस अपनी राह रही,

रह सौम्य! यहीं, हो सुखद प्रांत,
विनिमय कर दे कर कर्म कांत।

तुम दोनों देखो राष्ट्र-नीति,
शासक बन फैलाओ न भीति,

मैं अपने मनु को खोज चली,
सरिता, मरु, नग या कुंज-गली,
वह भोला इतना नहीं छली!
मिल जायेगा, हूँ प्रेम-पली,

तब देख कैसी चली रीति,
मानव! तेरी हो सुयश गीति।"

बोला बालक, "ममता न तोड़,
जननी! मुझसे मुँह यों न मोड़,

तेरी आज्ञा का कर पालन,
वह स्नेह सदा करता लालन--
मैं मरूँ जिऊँ पर छुटे न प्रण,

                    वरदान बने मेरा जीवन!
जो मुझको तू यों चली छोड़,
तो मुझे मिले फिर यही क्रोड़!"

"हे सौम्य! इड़ा का शुचि दुलार,
हर लेगा तेरा व्यथा-भार,

               यह तर्कमयी तू श्रद्धामय,
               तू मननशील कर कर्म अभय,
               इसका तू सब संताप निश्चय,
               हर ले, हो मानव भाग्य उदय,

सब की समरसता का प्रचार,
मेरे सुत! सुन माँ की पुकार।"

"अति मधुर वचन विश्वास मूल,
मुझको न कभी ये जायें भूल;

               हे देवि! तुम्हारा स्नेह प्रबल,
               बन दिव्य श्रेय-उद्भ्रम अविरल,
               आकर्षण धन-सा वितरे जल,
               निर्वासित हों संताप सकल!"

कह इड़ा प्रणत ले चरण धूल,
पकड़ा कुमार-कर मृदुल फूल।

वे तीनों ही क्षण एक मौन--
विस्मृत से थे, हम कहाँ कौन!

               विच्छेद बाह्य, था आलिंगन--
               वह हृदयों का अति मधुर मिलन,
               मिलते आहत होकर जलकन,
               लहरों का यह परिणत जीवन,

दो लौट चले पुर ओर मौन,
जब दूर हुए तब रहे दो न!

निस्तब्ध गगन था, दिशा शांत,
वह था असीम का चित्र कांत।

               कुछ शून्य बिंदु उर के ऊपर,
               व्यथिता रजनी के श्रमसीकर,
               झलके कब से पर पड़े न झर,
               गंभीर मलिन छाया भू पर,

सरिता तट तरु का क्षितिज प्रांत,
केवल बिखेरता दीन ध्वांत।

शत-शत तारा मंडित अनंत,
कुसुमों का स्तबक खिला वसंत,

हँसता ऊपर का विश्व मधुर,
हलके प्रकाश से पूरित उर,
बहती माया सरिता ऊपर,
उठती किरणों की लोल लहर,

निचले स्तर पर छाया दुरंत,
आती चुपके, जाती तुरन्त।

सरिता का वह एकांत कूल,
था पवन हिंडोले रहा झूल,

धीरे-धीरे लहरों का दल,
तट से टकरा होता ओझल,
छप छप का होता शब्द विरल,
थर थर कैंप रहती दीप्ति तरल;

संसृति अपने में रही भूल,
वह गंध-विधुर अम्लान फूल।

तब सरस्वती-सा फेंक साँस,
श्रद्धा ने देखा आसपास,

थे चमक रहे दो खुले नयन,
ज्यों शिलालग्न अनगढ़े रतन,
वह क्या तम में करता सनसन?
धारा का ही क्या हय निस्वन!

ना, गुहा लतावृत एक पास,
कोई जीवित ले रहा साँस!

वह निर्जन तट था एक चित्र,
कितना सुन्दर, कितना पवित्र?

कुछ उन्नत थे वे शैलशिखर,
फिर भी ऊँचा श्रद्धा का सिर,
वह लोक-अग्नि में तप गल कर,
थी ढली स्वर्ण-प्रतिमा बन कर,

मनु ने देखा कितना विचित्र!
वह मातृ-मूर्त्ति थी विश्व-मित्र।

बोले, "रमणी तुम नहीं आह!
जिसके मन में हो भरी चाह,

तुमने अपना सब कुछ खोकर,
वंचिते! जिसे पाया रोकर,
मैं भगा प्राण जिनसे लेकर,

उसको भी उन सबको देकर,
निर्दय मन क्या न उठा करह?
अद्रत है तब मन का प्रवाह!

ये श्वापद से हिंसक अधीर,
कोमल शावक वह बाल वीर,

सुनता था वह वाणी शीतल,
कितना दुलार कितना निर्मल!
कैसा कठोर है तब हृत्तल!
वह इड़ा कर गयी फिर भी छल,

तुम बनी रही हो अभी धीर,
छुट गया हाथ से आाह तीर।"

प्रिय! अब तक हो इतने सशंक,
देकर कुछ कोई नहीं रंक,

यह विनिमय है या परिवर्त्तन,
बन रहा तुम्हारा ऋण अब धन,
अपराध तुम्हारा वह बंधन--
लो बना मुक्ति, अब छोड़ स्वजन--

निर्वासित तुम, क्यों लगे डंक?
दो लो प्रसन्न, यह स्पष्ट अंक।"

"तुम देवि! आह कितनी उदार,
यह मातृ-मूर्त्ति है निर्विकार,

हे सर्वमंगले! तुम महती,
सबका दुःख अपने पर सहती,
कल्याणमयी वाणी कहती,
तुम क्षमा निलय में हो रहती,

मैं भूला हूँ तुमको निहार--
नारी-सा ही, वह लघु विचार।

मैं इस निर्जन तट में अधीर,
सह भूख व्यथा तीखा समीर,

हाँ भावचक्र में पिस पिस कर,
चलता ही आया हूँ बढ़ कर,
इनके विकार सा ही बन कर,
मैं शून्य बना सत्ता खोकर,

लघुता मत देखो वक्ष चीर,
जिसमें अनुशय बन घुसा तीर।"

"प्रियतम! यह नत निस्तब्ध रात,
है स्मरण कराती विगत बात,

वह प्रलय शांति वह कोलाहल,
जब अर्पित कर जीवन संबल,
मैं हुई तुम्हारी थी निश्छल,
क्या भूलूँ मैं, इतनी दुर्बल?

तब चलो जहाँ पर शांति प्रात,
मैं नित्य तुम्हारी, सत्य बात।

इस देव-द्वंद्व का वह प्रतीक--
मानव! कर ले सब भूल ठीक,

यह विष जो फैला महा-विषम,
निज कर्मोन्नति से करते सम,
सब मुक्त बनें, काटेंगे भ्रम,
उनका रहस्य हो शुभ-संयम,

गिर जायेगा जो है अलीक,
चल कर मिटती है पड़ी लीक। "

वह शून्य असत या अंधकार,
अवकाश पटल का वार पार,

बाहर - भीतर उन्मुक्त सघन,
था अचल महा नीला अंजन,
भूमिका बनी वह स्निग्ध मलिन,
थे निनिमेष मनु के लोचन,

इतना अनंत था शून्य-सार,
दीखता न जिसके परे पार।

सत्ता का स्पंदन चला डोल,
आवरण पटल की ग्रंथि खोल,

तम जलनिधि का बन मधुमथन,
ज्योत्स्ना सरिता का आलिंगन,
वह रजत गौर, उज्ज्वल जीवन,
आलोक पुरुष! मंगल चेतन!

केवल प्रकाश का था कलोल,
मधु किरणों की थी लहर लोल।

बन गया तमस था अलक जाल,
सर्वांग ज्योतिमय था विशाल,

अंतनिनाद ध्वनि से पूरित,
थी शून्य-भेदिनी--सत्ता चित,
नटराज स्वयं थे नृत्य-निरत,

था अंतरिक्ष प्रहसित मुखरित,
स्वर लय होकर दे रहे ताल,
थे लुप्त हो रहे दिशाकाल।

लीला का स्पंदित आह्लाद,
वह प्रजा-पुंज चितिमय प्रसाद,

आनंद पूर्ण तांडव सुन्दर,
करते थे उज्ज्वल श्रम सीकर,
बनते तारा, हिमकर, दिनकर,
उड़ रहे धूलिकण-से भूधर,

संहार सृजन से युगल पाद--
गतिशील, अनाहत हुआ नाद।

बिखरे असंख्य ब्रह्मांड गोल,
युग त्याग ग्रहण कर रहे तोल,

विद्युत् कटाक्ष चल गया जिधर,
कंपित संसृति बन रही उधर।
चेतन परमाणु अनंत बिखर,
बनते विलीन होते क्षण भर!

यह विश्व झूलता महा दोल,
परिवर्त्तन का पट रहा खोल।

उस शक्ति-शरीरी का प्रकाश,
सब शाप पाप का कर विनाश--

नर्त्तन में निरत, प्रकृति गल कर
उस कांति सिंधु में घुल-मिलकर,
अपना स्वरूप धरती सुन्दर,
कमनीय बना था भीषणतर

हीरक-गिरि पर विद्युत्-विलास,
उल्लसित महा हिम धवल हास।

देखा मनु ने नर्त्तित नटेश,
हत चेत पुकार उठे विशेष--

यह क्या! श्रद्घे! बस तू ले चल,
उन चरणों तक, दे निज संबल,
सब पाप-पुण्य जिसमें जलजल,
पावन बन जाते हैं निर्मल,

मिटते असत्य-से ज्ञान-लेश,
समरस, अखंड, आनंद-वेश"!

रहस्य

ऊर्ध्व देश उस नील तमस में स्तब्ध हो रही अचल हिमानी,
पथ थक कर हैं लीन, चतुर्दिक देख रहा वह गिरि अभिमानी।
दोनों पथिक चले हैं कब से ऊँचे-ऊँचे चढ़ते-चढ़ते,
श्रद्धा आगे मनु पीछे थे, साहस उत्साही से बढ़ते।

पवन वेग प्रतिकूल उधर था कहता, 'फिर जा अरे बटोही!'
किधर चला तू मुझे भेद कर! प्राणों के प्रति क्यों निर्मोही?
छूने को अंबर मचली-सी बढ़ी जा रही सतत ऊँचाई!
विक्षत उसके अंग, प्रकट थे भीषण खड्डु भयकरी खांई।

रविकर हिम खंडों पर पड़ कर हिमकर कितने नये बनाता,
द्रुततर चक्कर काट पवन भी फिर से वहीं लौट आ जाता।
नीचे जलधर दौड़ रहे थे सुन्दर सुर-धनु माला पहने,
कुंजर-कलभ सदृश इठलाते चमकाते चपला के गहने।

प्रवहमान थे निम्न देश में शीतल शत-शत निर्भर ऐसे,
महाश्वेत गजराज गंड से बिखरी मधु धाराएँ जैसे।
हरियाली जिनकी उभरी, वे समतल चित्रपटी से लगते,
प्रतिकृतियों के बाह्य रेख-से स्थिर, नद जो प्रति पल थे भगते।

लघुतम वे सब जो वसुधा पर ऊपर महाशून्य का घेरा,
ऊँचे चढ़ने की रजनी का यहाँ हुआ जा रहा सबेरा।
"कहाँ ले चली हो अब मुझको श्रद्घे! मैं थक चला अधिक हूँ,
साहस छूट गया है मेरा निस्संबल भग्नाश पथिक हूँ।

लौट चलो, इस वात-चक्र से मैं दुर्बल अब लड़ न सकूँगा,
श्वास रुद्ध करने वाले इस शीत पवन से अड़ न सकेगा।
मेरे, हाँ वे सब मेरे थे जिन से रूठ चला आया हूँ,
वे नीचे छूटे सुदूर, पर भूल नहीं उनको पाया हूँ।"

वह विश्वास भरी स्मिति निश्छल श्रद्धा-मुख पर झलक उठी थी,
सेवा कर-पल्लव में उसके कुछ करने की ललक उठी थी।
दे अवलंब, विकल साथी को कामायनी मधुर स्वर बोली--
"हम बढ़ कर दूर निकल आये अब करने का अवसर न ठिठोली।

दिशा-विकंपित, पल असीम है यह अनंत-सा कुछ ऊपर है,

अनुभव करते हो, बोलो क्या पदतल में, सचमुच भूधर है?
निराधार है किंतु ठहरना हम दोनों को आज यहीं है;
नियति खेल देखूँ न, सुनो अब इसका अन्य उपाय नहीं है।

झाँई लगती जो, वइ तुमको ऊपर उठने को है कहती,
इस प्रतिकूल पवन धक्के को झोंक दूसरी ही आ सहती।
श्रांत पक्ष, कर नेत्र बन्द बस विहग-युगल से आज हम रहें,
शून्य पवन बन पंख हमारे हमको दें आधार, जम रहें।

घबराओ मत! यह समतल है देखो तो, हम कहाँ आ गये!"
मनु ने देखा आँख खोल कर जैसे कुछ-कुछ त्राण पा गये।
ऊष्मा का अभिनव अनुभव था ग्रह, तारा, नक्षत्र अस्त थे,
दिवा-रात्रि के संधि-काल में ये सब कोई नहीं व्यस्त थे।

ऋतुओं के स्तर हुए तिरोहित भू-मंडल-रेखा विलीन-सी,
निराधार उस महादेश में उदित सचेतनता नवीन-सी।
त्रिदिक विश्व, आलोक बिन्द भी तीन दिखाई पड़े अलग वे,
त्रिभुवन के प्रतिनिधि थे मानो वे अनमिल थे किन्तु सजग थे।

मनु ने पूछा-- "कौन नये ग्रह ये हैं, श्रद्धे! मुझे बताओ?
मैं किस लोक बीच पहुँचा, इस इंद्रजाल से मुझे बचाओ।"

"इस त्रिकोण के मध्य बिंदु तुम शक्ति विपुल क्षमतावाले ये,
एक एक को स्थिर हो देखो इच्छा, ज्ञान, क्रिया वाले ये।
वह देखो रागारुण है जो ऊषा के कंदुक-सा सुंदर,
छायामय कमनीय कलेवर भाव-मयी प्रतिमा का मंदिर।

शब्द, स्पर्श, रस, रूप, गंध की पारदर्शिनी सुघड़ पुतलियाँ,
चारों ओर नृत्य करतीं ज्यों रूपवती रंगीन तितलियाँ!
इस कुसुमाकर के कानन के अरुण पराग पटल छाया में,
इठलातीं सोतीं जगतीं ये अपनी भाव-भरी माया में।

वह संगीतात्मक ध्वनि इनकी कोमल अंगड़ाई है लेती,
मादकता की लहर उठा कर अपना अंबर तर कर देती।
आलि-गन-सी मधुर प्रेरणा छू लेती, फिर सिहरन बनती,
नव-अलंबुषा की व्रीडा-सी खुल जाती है, फिर जा मुंदती।

यह जीवन की मध्य भूमि है रस-धारा से सिंचित होती,
मधुर लालसा की लहरों से यह प्रवाहिका स्पंदित होती।
जिसके तट पर विद्रुत-कण से मनोहारिणी आकृति वाले,
छायामय सुषमा में विह्वल विचर रहे सुंदर मतवाले।

सुमन-संकुलित भूमि-रंध्र-से मधुर गंध उठती रस-भीनी,
वाष्प अदृश्य फुहारे इसमें छूट रहे, रस-बूंदें झीनी।
घूम रही है यहाँ चतुर्दिक चलचित्रों-सी संसृति छाया,
जिस आलोक-बिन्द को घेरे वह बैठी मुसक्याती माया।

भाव-चक्र यह चला रही है इच्छा की रथ-नाभि घूमती,
नवरस-भरी अराएँ अविरल चक्रवाल को चकित चूमतीं।
यहाँ मनोमय विश्व कर रहा रागारुण चेतन उपासना,
माया-राज्य! यही परिपाटी पाश बिछा कर जीव फाँसना।

ये अशरीरी रूप, सुमन से केवल वर्ण गंध में फूले,
इन अप्सरियों की तानों के मचल रहे हैं सुंदर झूले।
भाव-भूमिका इसी लोक की जननी है सब पुण्य-पाप की,
ढलते सब, स्वभाव प्रतिकृति बन गल ज्वाला से मधुर ताप की।

नियममयी उलझन लतिका का भाव विटप से आकर मिलना,
जीवन-वन की बनी समस्या आशा नभकुसुमों का खिलना।
चिर-वसंत का यह उद्भ्रम है पतझर होता एक ओर है,
अमृत हलाहल यहाँ मिले हैं सुख दुख बेधते, एक डोर है।"

"सुंदर यह तुमने दिखलाया किंतु कौन वह श्याम देश है?
कामायनी! बताओ उसमें क्या रहस्य रहता विशेष है?"

"मनु 'यह श्यामल कर्म लोक है धुँधला कुछ-कुछ अंधकार-सा,
सघन हो रहा अविज्ञात यह देश मलिन है धूम-सार-सा।
कर्म-चक्र-सा घूम रहा है यह गोलक, बन नियति-प्रेरणा।
सब के पीछे लगी हुई है कोई व्याकुल नयी एषणा।

श्रममय कोलाहल, पीड़नमय विकल प्रवर्त्तन महायत्र का
क्षण भर भी विश्राम नहीं है प्राण दास हैं किया-तंत्र का
भाव-राज्य के सकल मानसिक सुख यों दुःख में बदल रहे हैं।
हिंसा गर्वोन्नत हारों में ये अकड़े अणु टहल रहे हैं।

ये भौतिक सदेह कुछ करके जीवित रहना यहाँ चाहते,
भाव-राष्ट्र के नियम यहां पर दंड बने हैं, सब कराहते।
करते हैं, संतोष नहीं है जैसे कशाघात-प्रेरित से--
प्रति क्षण करते ही जाते हैं भीति-विवश ये सब कंपित से।

नियति चलाती कर्म-चक्र यह तृष्णा-जनित ममत्व-वासना,
पाणि-पादमय पंचभूत की यहाँ हो रही है उपासना।
यहाँ सतत संघर्ष विफलता कोलाहल का यहाँ राज है।
अंधकार में दौड़ लग रही मतवाला यह सब समाज है।

स्थूल हो रहे रूप बना कर कर्मों की भीषण परिणति है।
आकांक्षा की तीव्र पिपासा! ममता की यह निर्मम गति है।
यहाँ शासनादेश घोषणा विजयों की हुंकार सुनाती,
यहाँ भूख से विकल दलित को पदतल में फिर फिर गिरवाती।

यहाँ लिये दायित्व कर्म का उन्नति करने के मतवाले,
जल-जला कर फूट पड़ रहे ढुल कर बहने वाले छाले।
यहां राशिकृत विपुल विभव सब मरीचिका-से दीख पड़ रहे,

भाग्यवान बन क्षणिक भोग के वे विलीन, ये पुनः गड़ रहे।

बड़ी लालसा यहाँ सुयश की अपराधों की स्वीकृति बनती,
अंध प्रेरणा से परिचालित कर्त्ता में करते निज गिनती।
प्राण तत्व की सघन साधना जल-हिम उपल यहां है बनता,
प्यासे घायल हो जल जाते मर-मर कर जीते ही बनता।

यहाँ नील-लोहित ज्वाला कुछ जला-गला कर नित्य ढालती,
चोट सहन कर रुकने वाली धातु, न जिसको मृत्यु सालती।
वर्षा के घन नाद कर रहे तट-कूलों को सहज गिराती,
प्लावित करती वन कुंजों को लक्ष्य प्राप्ति सरिता बह जाती।"

बस! अब और न इसे दिखा तू यह अति भीषण कर्म जगत है।
श्रद्धे! वह उज्ज्वल कैसा है जैसे पुंजीभूत रजत है। "

"प्रियतम! यह तो ज्ञानक्षेत्र है सुख-दुख से है उदासीनता,
यहाँ न्याय निर्मम, चलता है बुद्धि-चक्र, जिसमें न दीनता।
अस्ति-नास्ति का भेद, निरंकुश करते ये अणु तर्क-युक्त से,
वे निस्संग, किन्तु कर लेते कुछ संबंध-विधान मुक्ति से।

यहाँ प्राप्य मिलता है केवल तृप्ति नहीं, कर भेद बांटती,
बुद्धि, विभूति सकल सिकता-सी प्यास लगी है ओस चाटती।
न्याय, तप, ऐश्वर्ष में पथे ये भावी चमकीले लगते,
इस निदाध मरु में, सूखे से स्त्रोतों के तट जैसे जगते।

मनोभाव से काय-कर्म के समतोलन में दत्तचित्त से,
ये निस्पृह न्यायासन वाले चूक न सकते तनिक वित्त से!
अपना परिमित पात्र लिये ये बूंद-बूंद वाले निर्मर से,
मांग रहे हैं जीवन का रस बैठ यहाँ पर अजर-अमर-से।

यहाँ विभाजन धर्म-तुला का अधिकारों की व्याख्या करता,
यह निरीह, पर कुछ पाकर ही अपनी ढीली साँसें भरता।
उत्तमता इनका निजस्व है अंबुज वाले सर-सा देखो,
जीवन-मधु एकत्र कर रही उन ममाखियों-सा बस लेखो।

यहाँ शरद की धवल ज्योत्स्ना अंधकार को भेद निखरती,
यह अनवस्था, युगल मिले से विकल व्यवस्था सदा बिखरती।
देखो वे सब सौम्य बने हैं किन्तु सशंकित हैं दोषों से,
वे संकेत दंभ के चलते भ्र-चालन मिस परितोषों से।

यहाँ अछूत रहा जीवन रस छूओ मत, संचित होने दो,
बस इतना ही भाग तुम्हारा तृषा! मृषा, वंचित होने दो।
सामंजस्य चले करने ये किन्तु विषमता फैलाते हैं,
मूल-स्वत्व कुछ और बताते इच्छाओं को झुठलाते हैं।

स्वर्ण व्यस्त पर शांत बने-से शास्त्र शस्त्र-रक्षा में पलते,

ये विज्ञान भरे अनुशासन क्षण-क्षण परिवर्त्तन में ढलते,
यही त्रिपुर है देखा तुमने तीन बिन्द ज्योतिर्मय इतने,
अपने केंद्र बने दुःख-सुख में भिन्न हुए हैं ये सब कितने!
ज्ञान दूर, क्रिया भिन्न है इच्छा क्यों पूरी हो मन की,
एक दूसरे से न मिल सके यह विडंबना है जीवन की।"

महाज्योति-रेखा-सी बनकर श्रद्धा की स्मिति दौड़ी उनमें,
वे संबद्ध हुए फिर सहसा जाग उठी थी ज्वाला जिनमें।
नीचे ऊपर लचकीली वह विषम वायु में धधक रही सी,
महाशून्य में ज्वाल सुनहरी सबको कहती 'नहीं नहीं' सी।
शक्ति-तरंग प्रलय-पाचक का उस त्रिकोण में निखर-उठा सा,
श्रृंग और डमरू निनाद बस सकल-विश्व में बिखर उठा-सा।
चितिमय चिता धधकती अविरल महाकाल का विषय नृत्य था,
विश्व रंध्र ज्वाला से भरकर करता अपना विषम कृत्य था।

स्वप्न, स्वाप, जागरण भस्म हो इच्छा क्रिया ज्ञान मिल लय थे,
दिव्य अनाहत पर-निनाद में श्रद्धायुत मनु बस तन्मय थे।

आनंद

चलता था धीरे-धीरे वह एक यात्रियों का दल,
सरिता के रम्य पुलिन में गिरिपथ से, ले निज संबल।
था सोम लता से आवृत वृष धवल, धर्म का प्रतिनिधि,
घंटा बजता तालों में उसकी थी मंथर गति-विधि।
वृष-रज्जु वाम कर में था दक्षिण त्रिशूल से शोभित,
मानव था साथ उसी के मुख पर तेज अपरिमित।
केहरि-किशोर से अभिनव अवयव प्रस्फुटित हुए थे,
यौवन गंभीर हुआ था जिसमें कुछ भाव नये थे,
चल रही इड़ा भी वृष के दूसरे पार्श्व में नीरव।
गैरिक-वसना संध्या - सी जिसके चुप थे सब कलरव।

उल्लास रहा युवकों का शिशु गण का था मृदु कलकल,
महिला-मंगल-गानों से मुखरित था वह यात्री दल।
चमरों पर बोझ लदे थे वे चलते थे मिल अविरल,
कुछ शिशु भी बैठ उन्हीं पर अपने ही बने कुतुहल।
माताएँ पकड़े उनको बातें थीं करती जातीं,
'हम कहाँ चल रहे' यह सब उनको विधिवत समझातीं।
कह रहा एक था, "तू तो कब से ही सुना रही है--
अब आ पहुँची लो देखो आगे वह भूमि यही है।
पर बढ़ती ही चलती है रुकने का नाम नहीं है,
वह तीर्थ कहाँ है कह तो जिसके हित दौड़ रही है?"

"वह अगला समतल जिस पर है देवदारु का कानन,
घन अपनी प्याली भरते ले जिसके दल से हिमकन।
हाँ, इसी ढालवें को जब बस सहज उतर जावें हम,
फिर सम्मुख तीर्थ मिलेगा वह अति उज्ज्वल पावनतम।"

वह इड़ा समीप पहुँच कर बोला उसको रुकने को,
बालक था, मचल गया था कुछ और कथा सुनने को।
वह अपलक लोचन अपने पादाग्र विलोकन करती।
पथ-प्रदर्शिका-सी चलती धीरे-धीरे डग भरती।
बोली, "हम जहाँ चले हैं वह है जगती का पावन--
साधना प्रदेश किसी का शीतल अति शांत तपोवन।"

"कैसा? क्यों शांत तपोवन? विस्तृत क्यों नहीं बताती",

बालक ने कहा इड़ा से वह बोली कुछ सकुचाती--

"सुनती हूँ एक मनस्वी था वहाँ एक दिन आया,
वह जगती की ज्वाला से अति-विकल रहा झुलसाया।
उसकी वह जलन भयानक फैली गिरी अंचल में फिर,
दावाग्नि प्रखर लपटों ने कर दिया सघन वन अस्थिर।
थी अर्धांगिनी, उसी की जो उसे खोजती आयी,
यह दशा देख, करुणा की--वर्षा दृग में भर लायी।
वरदान बने फिर उसके आँसू, करते जग-मंगल,
सब ताप शांत होकर, वन हो गया हरित, सुख-शीतल।
गिरि-निर्झर चले उछलते छायी फिर से हरियाली,
सूखे तरु कुछ मुसक्याये फूटी पल्लन में लाली।
वे युगल वहीं अब बैठे संसृति की सेवा करते,
संतोष और सुख देखकर सब की दुःख-ज्वाला हरते।
है वहाँ महाह्रद निर्मल जो मन की प्यास बुझाता,
मानस उसको कहते हैं सुख पाता जो है जाता।"

"तो यह पृष क्यों तू यों ही वैसे ही चला रही है,
क्यों बैठे न जाती इस पर अपने को थका रही है?"

"सारस्वत-नगर-निवासी हम आये यात्रा करने
यह व्यर्थ, रिक्त-जीवनघट पीयूष-सलिल से भरने।
इस वृषभ धर्मप्रतिनिधि को उत्सर्ग करेंगे जाकर,
चिर-मुक्त रहे यह निर्भय स्वच्छंद सदा सुख पाकर।"

सब सम्हल गये थे आगे थी कुछ नीची उतराई,
जिस समतल घाटी में, वह थी हरियाली से छाई।
श्रम, ताप और पथ-पीड़ा क्षण भर में ये अंतर्हित,
सामने विराट धवल-नग अपनी महिमा से विलसित।
उसकी तलहटी मनोहर श्यामल तृण-वीरुष वाली,
नव-कुंज, गुहा-गृह सुंदर हृद से भर रही निराली।
वह मंजरियों का कानन कुछ अरुण पीत हरियाली,
प्रति-पर्व सुमन-संकुल थे छिप गयी उन्हीं में डाली।
यात्री दल ने रुक देखा मानस का दृश्य निराला,
खग-मृग को अति सुखदायक छोटा-सा जगत उजाला।
मरकत की वेदी पर ज्यों रक्खा हीरे का पानी,
छोटा-सा मुकुर प्रकृति या सोयी राका रानी।
दिनकर गिरि के पीछे अब हिमकर था चढ़ा गगन में,
कैलास प्रदोष-प्रभा में स्थिर बैठा किसी लगन में।
संध्या समीप आयी थी उस सर के, वल्कल-वसना,
तारों से अलक गूँथी थी पहने कदंब की रसना।
खग कुल किलकार रहे थे, कलहंस कर रहे कलरव,
किन्नरियाँ बनीं प्रतिध्वनि लेती थीं ताने अभिनव।
मनु बैठे ध्यान-निरत थे उस निर्मल मानस-तट में

सुमनों की अंजलि भर कर श्रद्धा थी बड़ी निकट में।

श्रद्धा ने सुमन बिखेरा शत-शत मधुपों का गुजन,
भर उठा मनोहर नभ में मनु तन्मय बैठे उन्मन।
पहचान लिया था सब ने फिर कैसे अब वे रुकते,
वह देव-द्वंद्व त्रुतिमय था फिर क्यों न प्रणति में झुकते।
तब वृषभ सोमवाही भी अपनी घंटाध्वनि करता,
बढ़ चला इड़ा के पीछे मानव भी था डग भरता।
हाँ इड़ा आज भूली थी पर क्षमा न चाह रही थी।
वह दृश्य देखने को निज दृग-युगल सराह रही थी।
चिर-मिलित प्रकृति से पुलकित वह चेतन-पुरुष-पुरातन,
निज-शक्ति-तरंगायित था आनंद-अंबु-निधि शोभन।
भर रहा अंक श्रद्धा का मानव उसको अपना कर,
था इड़ा शीश चरणों पर वह पुलक भरी गद्गद स्वर--
बोली—मैं धन्य हुई हैं जो यहाँ भूलकर आयी,
हे देवि! तुम्हारी ममता बस मुझे खींचती लायी।
भगवति, समझी मैं! सचमुच कुछ भी न समझ थी मुझको।
सब को ही भुला रही थी अभ्यास यही था मुझको।
हम एक कुटुब बना कर यात्रा करने हैं आये,
सुन कर यह दिव्य-तपोवन जिसमें सब अघ छूट जाये।"

मनु ने कुछ-कुछ मुसक्या कर कैलास ओर दिखलाया,
बोले, "देखो कि यहाँ पर कोई भी नहीं पराया।
हम अन्य न और कुटुंबी हम केवल एक हमीं हैं,
तुम सब मेरे अवयव हो जिसमें कुछ नहीं कमी है।
शापित न यहाँ है कोई तापित पापी न यहाँ है,
जीवन-वसुधा समतल है समरस है जो कि जहाँ है।
चेतन समुद्र में जीवन लहरों - सा बिखर पड़ा है,
कुछ छाप व्यक्तिगत, अपना निमित आकार खड़ा है।
इस ज्योत्स्ना के जलनिधि में बुदबुद - सा रूप बनाये,
नक्षत्र दिखाई देते अपनी आभा चमकाये।

वैसे अभेद-सागर में प्राणों का सृष्टि-क्रम है,
सब में घुल-मिल कर रसमय रहता यह भाव चरम है।
अपने दुःख-सुख से पुलकित यह मूर्त्त-विश्व सचराचर,
चिति का विराट्-वपु मंगल यह सत्य सतत चित सुन्दर।
सबकी सेवा न परायी वह अपनी सुख-संसृति है,
अपना ही अणु-अणु कण-कण द्वयता ही तो विस्मृति है।
मैं की मेरी चेतनता सबको ही स्पर्श किये सी
सब भिन्न परिस्थितियों की है सादक घूंट पिये सी।
जग ले ऊषा के दृग में सो ले निशि की पलकों में,
हाँ स्वप्न देख ले सुंदर उझलन वाली अलकों में--
चेतन का साक्षी मानव हो निर्विकार हँसता-सा,
मानस के मधुर मिलन में गहरे-गहरे धँसता-सा।

सब भेद-भाव भुलवा कर दुःख-सुख को दृश्य बनाता,
मानव कह रे! यह मैं हूँ, यह विश्व नीड़ बन जाता!"

श्रद्धा के मधु-अधरों की छोटी-छोटी रेखाएँ,
रागारुण किरण कला-सी विकसीं बन स्मिति लेखाएँ।
वह कामायनी जगत की मंगल-कामना-अकेली,
थी-ज्योतिष्मती प्रफुल्लित मानस तट की वन वेली।
वह विश्व-चेतना पुलकित थी पूर्ण-काम की प्रतिमा,
जैसे गंभीर महाह्रद हो भरा विमल जल महिमा।
जिस मुरली के निस्वन से यह शून्य रागमय होता,
वह कामायनी विहंसती अग जग था मुखरित होता।

क्षण-भर में सब परिवर्त्तत अणु - अण थे विश्व-कमल के,
पिंगल-पराग से मचले आनंद-सुधा-रस छल के।
अति मधुर गंधवह बहता परिमल बूँदों से सिंचित,
सुख-स्पर्श कमल-केसर का कर आया रज से रंजित।

जैसे असंख्य मुकलों का मादन-विकास कर आया।
उनके अछत अधरों का कितना चुंबन भर लाया।
रुक-रुक कर कुछ इठलाता जैसे कुछ हो वह भूला,
नव कनक-कुसुम-रज धूसर मकरंद - जलद - सा फूला।
जैसे वनलक्ष्मी ने ही बिखराया हो केसर-रज,
या हेमकूट हिम जल में अलकाता परछांई निज।
संसृति के मधुर मिलन के उच्छ्वास बना कर निज दल,
चल पड़े गगन-आँगन में कुछ गाते अभिनव मंगल।
वल्लरियाँ नृत्य निरत थीं, बिखरी सुगंध की लहरें,
फिर वेणु रंध्र से उठ कर मूर्च्छना कहाँ अब ठहरे।
गूँजते मधुर नूपुर से मदमाते होकर मधुकर,
वाणी की वीणा-ध्वनि-सी भर उठी शून्य में मिलकर।
उन्मद माधव मलयानिल दौड़े सब गिरते-पड़ते,
परिमल से चली नहा कर काकली, सुमन थे झड़ते।
सिकुड़न कौशेय वसन की थी विश्व-सुंदरी तन पर,
या मादन मृदुतम कंपन छायी संपूर्ण सृजन पर।
सुख-सहचर दुःख-विदूषक परिहास पूर्ण कर अभिनय।
सब की विस्मृति के पट में छिपा बैठा था अब निर्भय।
थे डाल-डाल में मधुमय मृदु मुकुल बने झालर से,
रस का भार, प्रफुल्ल सुमन सब धीरे-धीरे से बरसे।
हिम खंड रश्मि मंडित हो मणि-दीप प्रकाश दिखाता,
जिनसे समीर टकरा कर अति मधुर मृदंग बजाता।
संगीत मनोहर उठता मुरली बजती जीवन की।
संकेत कामना बन कर बतलाती दिशा मिलन की।
रश्मियाँ बनीं अप्सरियाँ अंतरिक्ष में नचती थीं,
परिमल का कन-कन लेकर निज रंगमच रचती थीं।
मांसल-सी आज हुई थी हिमवती प्रकृति पोषाणी।

उस लास-रास में विह्वल थी हँसती-सी कल्याणी।

उस लास-रास में विह्वल थी हँसती-सी कल्याणी।

Lector House believes that a society develops through a two-fold approach of continuous learning and adaptation, which is derived from the study of classic literary works spread across the historic timeline of literature records. Therefore, we aim at reviving, repairing and redeveloping all those inaccessible or damaged but historically as well as culturally important literature across subjects so that the future generations may have an opportunity to study and learn from past works to embark upon a journey of creating a better future.

This book is a result of an effort made by Lector House towards making a contribution to the preservation and repair of original ancient works which might hold historical significance to the approach of continuous learning across subjects.

HAPPY READING & LEARNING!

LECTOR HOUSE
LECTOR HOUSE LLP
E-MAIL: lectorpublishing@gmail.com